奥美的观点8

赢在公关

创造品牌影响力

奥美集团 编著

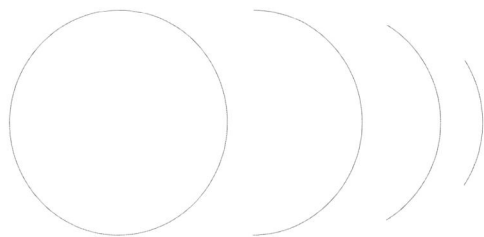

中信出版集团 | 北京

图书在版编目（CIP）数据

赢在公关：创造品牌影响力 / 奥美集团编著 . --
北京：中信出版社，2021.4
ISBN 978-7-5217-2543-8

Ⅰ.①赢… Ⅱ.①奥… Ⅲ.①企业管理－市场营销
Ⅳ.① F274

中国版本图书馆 CIP 数据核字（2020）第 246835 号

赢在公关——创造品牌影响力

编　　著：奥美集团
出版发行：中信出版集团股份有限公司
　　　　　（北京市朝阳区惠新东街甲 4 号富盛大厦 2 座　邮编　100029）
承 印 者：北京盛通印刷股份有限公司

开　　本：880mm×1230mm　1/32　　印　张：11　　字　数：225 千字
版　　次：2021 年 4 月第 1 版　　　　印　次：2021 年 4 月第 1 次印刷
书　　号：ISBN 978-7-5217-2543-8
定　　价：68.00 元

目录

第一章　为品牌赢得影响力

第二章　品牌大理想与社会价值

第三章　知行之思

第四章　奥美文化

赢得影响力的时代

柯颖德（Scott Kronick）

奥美亚洲公关及影响力高级顾问，奥美亚洲公关及影响力前首席执行官

在 35 年的公关从业生涯中，我在世界各地做过很多全球性的项目，却从未像今天这样，对公关行业的重要性和社会影响如此乐观。我们正站在各种社会挑战的交汇处：新冠病毒的肆虐和它带来的全球影响，中国与多个国家的贸易新挑战，日益兴起的利益相关者激进主义[①]，不断演进的反垄断、隐私、多元化和包容性、环境、可持续发展与治理等诸多议题，不一而足。与之相随的是，我们客户的业务正承受着前所未有的压力。

对企业界来说，领导者们不能只关注销售与利润。今时今日的企业需要为社会的更宏大宗旨服务，这一点正被放置在显微镜下遭

[①] 利益相关者激进主义是指企业的利益相关者通过其行动影响企业行为。其基础观点是，现代企业应该平衡所有利益相关者的需求和期待，而不应只考虑股东和投资者利益。

受检视。过去一年，在我参与并见证的诸多首席执行官对话中，商业领袖们都将企业服务社会的宏旨（Purpose）放在最重要的位置上。而且，当新冠病毒来袭时，没有哪位负责任的商业领袖把沟通重心放在了利润和销售上，他们更希望确保员工的安全和健康，让利益相关方了解自家企业是一家负责任、有社会关切的组织。

我的女儿经常提醒我："爸爸，制造钻石需要压力！"我还经常被提醒，在这个世界上，唯一不变的就是变化。也许，变化既给我们带来焦虑，同时也是一个信号——机会就在眼前。正是变化驱动着我们在奥美公关及影响力业务上不断前行。

我们只与新闻稿打交道的时代一去不返。传统意义上的新闻发布会也是往者已矣。我们正在见证的是对策略性咨询服务日益增长的需求，我们需要运用多种渠道触达多样的受众。首席执行官们希望以全新且不同的方式实现企业与外部的连接。品牌希望更具社会文化相关性，找到前所未有的新路径与消费者连接。危机不再是"是否会发生"，而是"何时会发生"。商业领袖和企业如何应对危机，仍将成为他们职业生涯或品牌存续中的决定性时刻。

我们正在亲历"赢响力先行"的沟通时代。"赢响力先行"传播"战役"是指以一个强有力的信息或创意为核心，能够产生病毒传播效果，吸引媒体报道、社会关注，赢得影响力并驱动商业绩效。在中国市场，很多品牌都在这方面做得不错，奥美公关也有一些代表性案例，读者可以在本书中看到。

　　20 世纪早期，"公关之父"爱德华·伯内斯（Edward Bernays）如此定义公关专业人士："公共关系顾问是应用型社会科学家，就客户必须采取的社会态度和行动提供建议，以吸引其所依赖的公众。"这一定义在今天依然特别适用，但公共关系的实践已经演化，涵纳了通过创造和传播与目标受众群体相连接的信息以达成商业目标的艺术和科学。

　　虽然这些历史定义仍在指导着今天的公关行业，但我们触达受众的渠道已经发生了巨大变化。今天我们想要触达的人们不再从传统媒体获得信息。我们的受众将时间花在社交渠道和数字媒体上，这些平台通常需要个人"选择加入"。通过"选择加入"，这些受众就是在给予传播者积极与他们分享信息并潜在地影响他们的态度、观念或行为方式的"许可"。有了这样的"许可"，今时今日的传播者们就可以通过"赢得"的媒体、自己拥有的媒体甚至付费刊发内容的媒体，以各种形式呈现自己的想法。这就是我们所说的"赢响力"，它正在主导着我们所在的行业。

　　我希望大家能"悦读"本书中的 40 多篇文章。公关传播的艺术性、科学性是我们非常关切的事情，我们相信，如果人们能更好地与他人沟通和表达自己的观点，其结果将是一个更幸福、更健康和更能相互理解的社会。希望大家喜欢我们这本书。

推荐序二
奥美的 "秘密武器"

韦棠梦 (Chris Reitermann)
奥美亚洲暨大中华区首席执行官

奥美中国的公关及影响力业务一直以来是我们引以为豪的 "秘密武器"。过去 30 年来，我们的客户与奥美的公关团队携手，在复杂和艰难的业务环境中乘风破浪，奉献出卓越的工作成果，助益了客户的业务成功，对此我们备感自豪。在客户的重大交易、重要议题和危机管理之中有着我们的身影，我们帮助客户在中国繁荣发展并取得成功。同时，利用奥美强大的全球网络，帮助更多的中国客户走向全球，以我们建立及管理全球品牌的经验，帮助他们在世界各地落地生根、成功有为。

奥美是一家强劲且具有公关整合服务的全球传播机构，这在业界不多见。我们既能为客户提供业界一流的专业公关服务，也能将公关专长融入整合营销方案中，为客户打造整体的品牌体验、建立声誉和信任。

鉴于今日世界的变化速度追风逐电，企业必须应对的公共议题更加烦琐，因此公关层面上的沟通更是至关重要。从品牌建设和品牌声誉塑造的角度来说，公共关系比以往任何时候都具有显著意义；从业务增长和转型的角度而言，公共关系也是必不可少的战略驱动力。公关从业人员能从各个利益相关方的维度来考虑事情，理解问题与机遇，并懂得如何通过具有创意思维的故事讲述来赢得关注和影响力、创造连接。今天这样的时代是我们传播人的高光时刻，在倍道而进的时代图景中，我相信奥美公关及影响力团队必定能发挥引领作用。

对企业、员工和消费者来说，颠覆已成为新常态。企业和品牌都处在持续的调适和衍化之中，创意将在达成有效的品牌沟通并提升业务价值的过程中，起到日益关键的作用。我们致力于将以"赢得"影响力为中心的创意，与包括品牌影响力、声誉、媒体关系、公司领导人形象塑造、员工体验等在内的各种沟通专长融于一体，以帮助我们的客户发现新路径、创造新增长。

不断演进的社交网络、人工智能、媒体碎片化和各种新科技，驱动未来成为一个更加复杂却更加互联的世界，它将影响我们如何生活、学习、工作、消费和互动。这给品牌如何在商业和生活的方方面面与受众进行沟通及互动，同时给品牌如何发展并取得成功，带来了深远影响。

我们非常期待未来奥美在中国的继续成长。中国发展的故事令人赞叹，而我们非常荣幸成为见证者。奥美在中国耕耘已久，收获了客户与我们的广泛合作及业务的持续成长。面对未来中国和全球范围内的精彩机遇，我们已迫不及待并将投身于其中。

推荐序三
为品牌发声的奥美观点

庄淑芬
奥美大中华区前副董事长

其实，《奥美观点》杂志中文版问世已超过 30 年，早在 20 世纪 80 年代就已经在奥美台湾办公室隆重登场，长年身为总编辑的我，经常在内部自嘲为"总鞭击"——不断鞭策伙伴们在忙碌之余文以载道，以文字为载体传播品牌之道，时而打击作者在论述之际去芜存菁——以个案为平台展现洞察之路。

从看得到、摸得着的传统纸本，到滑上来、滑下去的移动版本，多少编辑往事就在前赴后继的专业技能中蹉跎而逝。拥抱流沙岁月，有人说时光太瘦、指缝太宽，此时此刻，笔者深有同感，字字珠玑的集体记忆，要不是因为"观点杂志"独树一格的收藏癖好，这一切早已人去楼空、云消雾散！

话说回来，奥美自进入大陆市场 30 年以来，总是秉持整合营销传播的专业定位，有效应对大环境的变化，不断自我演进与突破，从整合营销交响乐团的譬喻、360度品牌管家的主张，让品牌有意义地论述，到当代以水晶球展现的OS作业系统等，都以客户为核心，锁定商业议题，发挥创意和创新，提出全方位的解决之道。如今跨领域的多方协作俯拾皆是，奥美扮演领头羊的前驱角色，更奋力地扫荡固有框架的传统思维，以昨是今非的颠覆心态，继续高歌猛进。

除此之外，我常说奥美在知识分享上一向慷慨大方，过去十多年，在业界享有盛誉的"观点杂志"总是不惜代价付梓成册，在外部出版社的盛情邀约下，已经出版七集，也曾经名列专业畅销书排行榜。如今再接再厉，在超高速联结的数字世界，奥美决定出版第八集，其中涵盖近年被业界追捧的方法论，也穿插精彩纷呈的真实案例，用心良苦，总编辑借此机会表达最高敬意。

一如既往，凡走过必留下痕迹，本书的内容在投射现代品牌营销的多元化面貌下，特地彰显公关说故事的强大影响力，相信读者可以融会贯通、从中获益。

最后祝福《奥美观点》，发挥大无畏精神，继续探索之旅，让知识永远传承！

公关的价值

宋秩铭
WPP 集团大中华区董事长、奥美集团大中华区董事长

现在回想起来，奥美早期设有奥美公关这一支队伍确实帮了奥美的大忙，当时少有国际广告代理商有提供公关服务的能力，这强化了我们整体的服务及取得客户的能力，亦强化了奥美整体能力的形象。这些确实要感谢 Scott 及他的团队对公关的狂热信念及执着。

做广告的人，常常对做公关的人，有点不太理解，总认为公关就是写新闻稿及做活动罢了，没什么策略思考。

记得早先在台湾早创公关时，至少花了三年的时间，才了解公关的作业及价值。

事实上，公关必须思考多个维度、多个利益相关的人或群体。例如，政府关系、社会趋势、股市、压力团队、产业、内部员工……消费者只是其中一个对象。

广告的重点就在于消费者，或说目标消费者，必须对其深入了

解，形成传播策略及创意，相对公关来说，广告单纯多了。

当然，现在不一样了，环境被互联网碎片化地冲击，你会发现，传统的广告人在面对变化时反应较慢和较痛苦，不如公关人适应得较快，这与他们的日常专业思考及作业是有关的。

相信在不久的未来，公关行业会走上另一个台阶。

这一次，奥美的公关团队把他们日常作业的理论及案例展现出来，尝试呈现公关的全貌及进展，相信对于相关从业人员有极好的参考价值。

第一章

为品牌
赢得影响力

赢响力：
公关的未来

柯颖德（Scott Kronick）
奥美亚洲公关及影响力高级顾问，奥美亚洲公关及影响力前首席执行官

《哈佛商业评论》2019 年 7 月刊的封面主题是"信任危机"，这是一个诸多学者已探讨了十几年的话题。该期封面文章作者是哈佛商学院教授桑德拉·苏赫尔（Sandra Sucher）和研究员谢莱内·古普塔（Shalene Gupta），文章导语如下：

> 企业为满足客户、投资者、员工和整个社会利益相关者的多样化需求付出了很多努力。但是，对于一个与这些利益相关者构建富有成效的关系的关键要素，他们并没有给予足够的重视，那就是：信任。

在此之前，2018 年 12 月底，一家为公众提供有关影响全球的议题、态度和潮流的信息资料的美国无党派独立民调机构皮尤研究

中心的一项调研发现，美国人认为对政府的信任和公众之间的信任都在下降，使解决问题变得更加困难。多达 71% 的人相信，过去 20 年来人际交往中的信任度在下降。大约一半（49%）人认为，拉低信任的主要因素是美国人不再像以往那样可以信任。

信任度下降的问题，中国也同样存在。2017 年益普索的一项调研显示，中国被访者表达了对所谓"世风日下"的极大担忧。关于这项调研的一篇文章于 2017 年 8 月 6 日发表在领先的商业新闻门户网站 Quartz 上，文章说："中国居民经常抱怨国人缺乏责任担当。从莽撞的车祸、小规模的上当受骗到食品安全丑闻，负面消息不断，加剧了人们的这种感受，人们认为信任的普遍缺乏对社会是有害的。"

或许，联合国秘书长安东尼奥·古特雷斯（António Guterres）在 2018 年 12 月多哈论坛上的主题发言能够最好地说明这一点：

> 这到底是怎么回事？我相信……现在存在着巨大的信任缺失。正如我在联合国大会上所说，我们的世界正受困于信任赤字失调的糟糕状况。
>
> 信任在多个层面上缺失：人民与政治机构之间的信任，国家之间的信任，对国际组织如联合国的信任。

那么，这一状况和当前与未来的公关又有什么关系呢？

如果公关这一职业的支柱是培育能带来更大信任的关系，那么我们的机遇就在当下。伟大的公共关系专业人士搭建桥梁——我们为客户提供咨询，将他们与目标受众联系起来，加深关系、建立信任，以达成目标。通过周到而熟练的沟通，我们帮助客户缩小他们所面临的信任鸿沟。公关行业的这一使命，自100多年前形成以来，从未改变过，而且在今天愈显重要。

然而，为了与目标受众取得联系、影响他们的态度、激励他们的行为、最终实现客户目标，我们所凭借的渠道、意见领袖关系和工具，已经发生了根本性的改变。

以前，公关的做法集中在借助第三方倡导者来加强与目标受众的关系，影响他们的观点，激励他们的行为。这些第三方倡导者通常是知名专家，他们借助受人尊敬的媒体来触达消费者、扩散观点。他们代表一个客户、组织或营销战役的目标，用自己的观点赢得关注。这就是"赢得的媒体"（earned media）这一定义的由来，而且这种方法在今天的很多情境下仍然有效。然而，"赢得的媒体"在很大程度上是一种单向传播过程，在媒体世界和沟通渠道已经发生巨大变化的今天，存在着很多不足。目前存在的一个问题是，几乎每一家媒体都与某一个群体有关联，而不再被认为是中立的信息来源。

今天，随着社会化媒体的兴起，以及双向沟通机会的增多，影响力的性质已经发生改变。通过成为社群的一员并参与社群互动，传播专业人士从社群成员那儿获得了对他们进行影响的许可，随之而来的是传递信息、创造更强的连接，甚至可能是改变观念的更多机会。我们赢得了这种影响他人的力量，这就是我们所说的赢响力（earned influence）。

然而，我们如何才能做到这一点？寻找答案，要从回溯历史开始。

简明公关史

将近 100 年前，被认为是"公关之父"的爱德华·伯内斯这样定义公关："公共关系顾问是应用型社会科学家，就客户必须采取的社会态度和行动提供建议，以吸引其所依赖的公众。公关从业者通过研究，确定客户与公众之间是否调适，从而建议客户在态度和行为方面需要做出哪些改变，以达到契合社会目标的最高调适状态。"

伯内斯作为"公关之父"的地位，可以追溯到 20 世纪 20 年代后期，他在 1928 年写了一本名为《宣传》的书。通过理解影响力和意见领袖的作用，以及如何借助它们来达成效果，伯内斯扬名立万。事实上，他因此成名，但后来又因诱惑更多女性吸烟而声名狼藉。尽管今天他为此受到谴责，但在 20 世纪 20 年代，人们并不知道吸烟有害健康。20 世纪 60 年代，科学和医学证明了吸烟的有害性，伯内斯成了坚定的禁烟倡导者。

自伯内斯的时代以来，公关的定义和实践一直在演进。为了解决如何定义公关行业这一古老的问题，美国公共关系协会在 2012 年提出了如下定义：

公关是在机构和公众之间建立互利关系的战略沟通过程。

多年以来，多个定义中一直保持一致的是"关系"的重要性、对关系的培育，以及影响力在塑造态度、观念和激励行为方面所起的作用。从历史上看，如果一位可信的第三方倡导者或一位专家在诸如《纽约时报》这样的媒体上支持了一种产品，我们可以相信，这样的影响力足以确保产生更高的信任感，激励购买行为。通过这种代言，关系得到了加强，信任也得到了发展，一旦这种倡导性言论在受信任的媒体中得到了放大，品牌就会因此赢得相应的发展。

品牌的作用

信任不仅在良好的公共关系中必不可少，我们甚至可以说，没有信任，品牌就不会存在。奥美已故创始人大卫·奥格威（David Ogilvy）是对品牌的力量及品牌与客户的关系有着最深刻洞察的早期思想家之一。他的教导是，品牌是产品特性（情感联系）的无形总和。他经常谈及信任的重要性，以及成功的品牌如何培育与消费者之间的持续关系，进而收获更深层次的信任和更好的销售。

在奥美，每一个人都接受过关于品牌建设的基础培训——品牌建设的基础是产品的情感和理性特征的结合，这形成了消费者与产品、服务或机构之间的联系。在人们有更多机会获得各种各样信息的时空中，我们相信，品牌（具有所有情感和理性的属性）会在现代营销世界的支离破碎和嘈杂混乱中脱颖而出。

"让品牌有意义"是奥美现在的一致呼声。为了确保蓬勃发展，品牌需要将"赢响力先行"的策略置于中心位置。通过引入"赢响力先行"的策略，甚至将其作为引领性策略，品牌更有可能建立它们生存发展所需要的关系，并培育信任。这是公关能在过去十年中蓬勃发展的原因之一。

多年以来，我一直坚持认为，品牌在为广告活动花费数百万美元、开发一种客户互动方式、形成一个电子商务战略或制订详尽的促销方案之前，需要与对其生存至关重要的人建立信任基准。没有信任，或者没有产品和消费者之间的情感联系，品牌就不会存在。无论你是代表一家政府机构、一个非营利组织、一家公司、一款产品，还是一个人，一旦与对你的生存有重要意义的人建立了关系，你就已经开始在建立品牌了。

传播者面临的环境变化

自爱德华·伯内斯的时代以来，公关专业人士通过借力已与目标群体建立信任关系并有相当影响力的第三方倡导者或意见领袖，形塑了态度、观点，激励了行为方式。这些意见领袖通过参加活动、会议，或者接受媒体采访的方式来分享他们的观点。他们这么做，是代表一个品牌，影响一种态度或观点，创造一个有利的环境，或者建立信任和信心。

多年来，应对客户需求都有一定之规。为了开展有效的公关行动，公关从业者需要从回答一系列问题开始：

我们沟通的目标受众是谁？我们想达到什么目标？哪些信息（如果被有效传递和接受）将对实现我们期望的结果产生最大影响？在目标群体中，谁是传递（确认或者扩散）这些信息的最有影响力的人？他们对我们的品牌和使命有何看法？目标受众从哪里获得信息，哪个传播渠道最具影响力？如何才能最有效地将意见领袖与传播渠道进行匹配，以传递我们期望传递的信息？我们如何衡量自己的影响力？

这一思考过程持续了数十年，到今天也仍然有意义。然而，具体的落地实践却一直在发展，而且在很多领域都已变得更加成熟。这些领域包括但不限于消费者获得信息的渠道、与其进行沟通的工具、意见领袖的作用和影响力，以及与他们进行沟通的信息——我们从行为科学中学到了如何更好地构建这些信息。

就传播渠道而言，从历史上来看，有影响力的渠道是确定和有限的，我们只要从中加以选择，就可以与消费者进行沟通。比如，一位意见领袖在《纽约时报》或《人民日报》上对品牌的认可就是金标准。在美国的早间新闻节目中露面——不管是《今日秀》(the Today Show)、《早安美国》(Good Morning America)，还是《CBS今晨》(CBS This Morning)，这些都和在CCTV-1（中央电视台综合频道）中正面露出一样，是公关职业的高光时刻。

除了通过此类积极宣传活动获得销售净增长之外，客户还可以通过总的消费者印象（gross consumer impressions）来衡量效果，用媒体受众的总体覆盖量乘以一个乘数，为这种"赢得的"成果计算出一个更高的价值。这被称为广告当量价值（advertising value equivalent，AVE），在缺乏其他更为具体的衡量方式时，这一估值被用作公关效果评估指标。今天，随着社会化媒体和数据获取能力的发展，公关行业已经拥有了更多更严谨的衡量方式，可以量化公关的真正价值。

随着互联网的引入以及数字化社交媒体渠道的无孔不入，对营销人员来说，翻天覆地的变化已经发生，它们是：大众媒体的极度碎片化和两极分化、专业知识的死亡、自恋的兴起、信任的下降（在媒体圈中的典型表现就是怀疑每一个信息都源于某人或某个特殊利益群体的授意），以及假新闻的泛滥。

已发生的显著变化还包括人们获取信息的渠道。过去十年来，人们已不再只是通过阅读手中的日报或者观看当地新闻来获取每日信息。为了快速获得信息，或者获得多方面观点，人们转向互联网搜索、加入社交媒体群组、观看针对自己的兴趣定制的视频。汤姆·尼科尔斯（Tom Nichols）在其所著的由牛津大学出版社出版的一本畅销书中写道，互联网的兴起导致人们对专家和专业知识的不尊敬或者漠视，每个人现在都好像"无所不知"。

基本上在同一时期发生的智能手机用户的井喷也加速了这一转向。当你能够从网上获得新闻时，为什么要去买报纸看呢？

与此同时，在 20 世纪 90 年代中期和 21 世纪初，社会上还出现了许多其他行为方式的变化，激发了人们对如何触达消费者的全新思考。在一项又一项研究、一本又一本专著中，我们看到了世界各地自恋的上升、同理心的下降、愤青情绪的高涨和信任度的恶化。同时正在发生的事情是人们将更多的时间花费在公共社交平台上，而不是使用他们以前信任的信息来源，社交平台开始成为影响人们的主要因素。

对这些行为变化的更深入观察，可以解释上述现象。

就自恋的兴起来说，过往数十年的研究发现，在千禧一代中可以看到日益增长的自恋行为，智能手机拥有量的激增被认为是促成这一现象的一个因素。当智能手机在手时，人们对自身的关注胜过对任何其他事情，各种新行为由此发展，自拍成为最流行的行为之一。"我一代"（Generation Me）人群，也就是那些出生于20世纪80年代和90年代的人，向社会化媒体的迁移速度如火箭飞升，创造了很多用户可以分享自己的图片、故事和视频的社区。用户发布的帖子得到社区成员的响应，让他们即时收获快意，这不仅推动了平台的发展，而且增加了人们花在这些平台上的时间。我们目睹了一个彻底的行为转变，而旨在让人们保持连接的新平台、新技术的不断引入，又加速了这一转变。

几乎在同时，自恋的兴起又与同理心的衰退相吻合。斯坦福大学著名神经科学家、《善意之战：在破碎的世界中建立同理心》一书的作者贾米勒·扎基（Jamil Zaki）在《华盛顿邮报》的采访中评论道："同理心看起来正处于危险之中。一项研究显示，2009年美国大学生的平均同理心得分不到1979年的75%。"在接受美国国家公共广播电台的采访时，他认为新技术平台是导致同理心衰退的根源之一。他说："技术平台并不是通过使用户感到快乐或更有社交联系，而是通过让用户保持在线状态来让其股东受益。当让人们保持在线状态成为不计成本的优先考虑事项时，社会化媒体公司很容易将所有互动都视为良性互动，其实愤怒、虚荣和戏剧性等才是对人们最有诱惑力的因素。"

在过去数十年间，我们还目睹了愤青情绪的激增。这种行为加上前面描述的信任度下降，驱动消费者寻找代表普遍观点的平台。2018年11月，《卫报》发表了一篇以"我们不再信任精英"为题的文章，作者评论道：

> 大量调研证实，多年来，甚至数十年来，西方世界一直存在信任度下降的趋势。在20世纪90年代和21世纪初，信任缺失是令政策制定者和商界领袖忧心忡忡的问题。他们担心，信任缺失将导致犯罪率上升、社区凝聚力下降，由此而产生的成本将由国家来承担。
>
> 无人能预知，当信任下降到某个点之下时，许多人可能会把整个政治和公共生活视作假象。发生这种现象不是因为通常意义上的信任度下降，而是因为关键的公众人物，特别是政治人物和新闻记者被视为不值得信任。正是这些专门负责代表社会的人物，无论是民选代表还是专业记者，失去了公信力。

"近朱者赤，近墨者黑"，换言之就是人们倾向于寻找与自己相似的人，或被其吸引。伴随社会化媒体渠道的井喷式发展，我们见证了经常被形容为"人以群分"的行为。许多社会科学家研究了那些聚集类似的人组成社会化群体的趋势。将志趣相同的人们吸引在一起的社会化媒体平台的崛起，是一种足以改变影响力本质的现象。

罗伯特·帕特南（Robert Putnam）所著的《独自打保龄球：美国社区的衰落与复兴》一书，极好地记录了这一现象的结果。这本书描述了美国人的行为以及他们参与社会方式的变化。帕特南认为，美国社会的变化应部分归因于代际变化、媒体的个人主义和技术平台的兴起。

中国的开放带来了许多积极的发展，包括技术上的飞跃。中国人拥有了更广泛的信息获取渠道和更多样的沟通方式，中国与全球其他地区的联系比以往任何时候都更加紧密。然而，我们需要意识到，在中国，社会化媒体的繁盛同样在某种程度上影响了信任度的下降和愤青情绪的增长，以及由此而来的行为变化。

在这一时期，最影响公关行业的重大变化，是社会化媒体平台取代传统媒体，成为消费者及时获取信息的第一站。皮尤研究中心在 2018 年进行的一项研究显示，大约三分之二的美国人表示他们在社会化媒体上获得新闻，尽管他们承认对这些新闻的准确性有所顾虑。脸书、YouTube（油管）、推特、Instagram（照片墙）、领英、Reddit（一个社交新闻站点）、Snapchat（色拉布）、WhatsApp（瓦次普）和 Tumblr（汤博乐）等在美国领先的社会化媒体平台，扮演着新闻源的媒体站点角色。在中国，情况更甚——中国拥有世界上最多的互联网用户，微信、今日头条和微博等社会化媒体平台已远远超越传统媒体，成为最常见的信息来源。

赢响力的兴起

快速迁移到社会化媒体会带来多方面的影响。消费者将更多的时间花在互联网上，或者查看他们的手机，企业和品牌已因此而致力于线上内容的开发，以便将信息告知消费者、与他们互动、吸引他们、激发他们的行为。企业和品牌应对这一现象的方式，简而言之是建立公司和品牌在线新闻中心——像美联社、路透社或新华社这样的新闻中心。

"内容为王"，奥美前公关全球首席执行官、现行为科学中心创始人兼首席执行官柯锐斯（Chris Graves）解释道："只要内容是翔实的、引人入胜的、有用的、或许有趣的，那么谁创造了这个内容、内容以什么形式呈现，都不重要。而且，如果内容被消费了，它就具有了影响力。"

这一趋势带来的另一个结果是意见领袖营销的兴起。在社会化媒体平台之外，意见领袖也成为平台，围绕着意见领袖和他们对品牌的认可，兴起了一个完整的产业链。《卫报》2018 年发表了一篇题为"纳米级意见领袖（nano-influencer）的兴起：品牌如何转向普通公众"的文章，其副标题为"不仅是名人和 YouTube 上的达人被付费植入营销内容——现在普通的 Instagram 用户都在受到追捧"。

公关的全新实践由此发展而来——运用所有新技术，触达企业或品牌的利益相关者并与之互动。

柯锐斯解释说："这些技术的不同之处在于，参与感不是一个单向过程。当消费者成为社群的一部分时，他们就授予了其他人与自己进行交流并影响自己的许可。"

这种"许可"为公关专业人士带来了改变，让他们可以接触更多可触达的消费者，并为他们提供了通过付费媒体、自有媒体和赢得的媒体发挥影响力的更多机会。以往，赢得的媒体是单向传播的，而赢响力的提出，让我们进入双向对话之中。

由此而生的是一种全新的、更宽广的公共关系实践。

赢响力的特征

赢响力是	赢响力不是
吸引	强迫
共同的兴趣	诱导
自由地选择	霸凌
诚实与尊重	操纵
内在的	外在的
提升信誉度和信心	为自己所用
长期的、持续的	转瞬即逝的

赢响力为公关行业定义了一个新时代。作为一门艺术和科学，它旨在获得客户、消费者和关键意见领袖的接纳，以影响他们的决策，激励他们的行为。

赢响力的定义或实践，随着互联网的发展和社会化媒体渠道的井喷而不断演进。同时，它也遵循了由营销人员所推动的各传播专业的融合趋势，营销人员不再关心解决方案来自哪种传播手段，只要它能解决关键的营销和传播需求即可。同时，我们也看到了企业声誉和品牌形象的边界正日益模糊，这一趋势同样由认识到企业声誉和品牌形象之间存在关联的客户推动。他们知道，为了实现整体的营销目标，这两者必须齐头并进。

事实证明，很多客户已经认识到，我们生活在一个"赢响力先行"的世界中。这意味着，市场营销人员在为了实现某一营销目标、将营销预算花出去之前，必须与重要的利益相关者建立信任基础，而赢响力是做到这一点的最佳方法。"赢响力先行"的提法，即从这一信念发展而来。在营销工作中，市场营销人士需要在决策和行动上，将公关放在中心位置。

将赢响力付诸实践，需要的是公关从业人员一直以来都在使用的技能。首先从倾听和理解我们的目标人群开始，接下来是开发能吸引目标受众的信息和内容。但现在有所不同的是，在传播渠道、影响力工具和意见领袖的角色这些因素之上，信息和内容的开发需要基于对品牌消费者所身处其间的平台的深入理解。归根结底，一个最根本的变化是要针对特定平台开发引人入胜的内容。

提升公关行业影响力的有效性

人们获取信息的渠道在井喷式发展，内容形式也更加纷繁多样。在此之外，公关行业还有一个新的动向正在成形——更好地理解人类的决策行为。由柯锐斯建立的奥美行为科学中心,让奥美成为这个领域的先行者之一。该中心目前正在帮助大家理解与人们如何决策相关的那些或简或繁的概念。柯锐斯说:"基于行为科学,采用新方法来获得赢响力,这是公关行业正在发展的方向。为此我们需要理解人类的认知偏差,以及个性或世界观导致的人们是拒绝还是接受某些信息的个体差异。对传播专业人士来说,重要的是如何定制和重组信息,以引起人们的共鸣而不是冲突,这正是对行为科学的深入理解能发挥作用的地方。"

理解行为科学,是成为更有效的沟通者的关键。它告诉我们,理解消费者的认知偏差至关重要。奥美行为科学中心对消费者的确认偏误(confirmation bias)进行了多方面的研究。确认偏误是指消费者倾向于将新证据——不论正向反向——解释为对现有信念或理论的确认。通过理解确认偏误,传播专业人员就会知道,在试图影响他人的观点时,用事实和证据来硬碰硬地进行争论是徒劳的。

柯锐斯认为,如果你用事实去证伪、去攻击某人,他绝不会停下来细看你的事实,然后说"哇,我可能会改变我的看法";相反,他会生气,会在自己的思维里越陷越深,所有行为科学研究都表明,他会对自己最初的信念更加狂热、更加执着。与带着这种确认偏误的人打交道的正确战术是"肯定",该战术的要点在于让消费者意识到你和他们对一个议题有着同样的理解,但同时你对如何解决问题有着不同的看法。很多行为科学家还发现,通过与消费者交朋友，发掘消费者身上的亮点并赞美他们，他们会更愿意改变对这些问题的看法。

例如，如果一个消费者是疫苗接种的强烈反对者，给他们提供事实、向他们解释他们被误导了，这样做并不会带来改变。但是，如果给他们讲述关于疫苗如何帮助与他们志同道合的朋友的情感故事，他们就更有可能改变自己的想法。他们的偏见阻止他们接受任何与自己相悖的看法，但一个志同道合的人身上发生的情感故事却能让他们感同身受，从而产生奇效。

行为科学研究的其他成果在影响决策方面也卓有成效。例如，"具体性效应"（Concreteness Effect）揭示了特定的、具象的名词比抽象名词更能有效地帮助受众具象化自己的观点。椅子、房子、汽车等具象名词就比浪漫、内疚或感觉这些抽象名词，更能让人们产生形象化的认知。

奇普·希思（Chip Heath）和丹·希思（Dan Heath）合著的畅销书《粘住》用一个例子对此做了很好的说明。美国公共利益科学中心致力于以更有效的方式向公众解释食用高脂肪食品的健康风险，为此中心用脂肪含量达 37 克的黄油爆米花来举例。该中心做了简单易懂的视觉化展示或说明，帮助消费者形象化地了解到高脂肪有多糟糕——37 克脂肪相当于一大份含两个鸡蛋、熏肉、香肠、吐司的早餐，外加一个巨无霸、一份炸薯条和一份全牛排。该中心知道如何形象化地说明吃下区区一桶爆米花会相当于吃下多少脂肪，这一类比会说服人们改善不健康的行为。

在今天的信息传播领域，极富成效的还有行为科学研究的第三个成果："可识别受害者效应"（Identifiable Individual Effect）。这个概念是指与具有相同需求的一个庞大而笼统的族群相比，当一个特定的、可被识别的人（受害者）被注意到陷入困境时，人们更倾向于为后者提供更大的帮助。

我们可以举一个简单的例子。在叙利亚难民危机中，不管有多少新闻报道告诉全世界，数十万叙利亚难民因为内战而流离失所，很多人仍然没有关注到这个事情，直到一位名叫艾伦·库尔迪（Alan Kurdi）的小男孩试图与家人一起逃离危险，却不幸失去生命、遗体被冲上土耳其海滩时，许多新闻才不胫而走。关于一个人的图片是可视化的，与其他报道中数以十万计难民的重大却笼统的数字相比，其产生的影响力要显著得多。

我们正在利用行为科学研究的更多成果来改进沟通方式、提升沟通效果。面向未来的领导者能够理解其中的精微要义，并据此调整他们的关键信息制定和项目策划。

通过见证公关行业的发展、新工作方式的采用，以及公关技能对来自所有营销分支领域的人才所产生的吸引力，我们可以确定，公关行业正处在赢响力时代的开端。如果品牌、客户和机构需要信任才能生存，我们一定可以看到对公关人才需求的激增，因为公关人才了解赢响力及其在建立和维护信任中所起的作用。

赢响力在行动

赢响力在今时今日已成共识，几乎所有有效的传播活动都可以体现出赢响力的重要性。单向传播的时代已经一去不复返了。为了有效影响他人及其行为，双向沟通必不可少，它会带来允许你去影响他人的"许可"。当别人许可你对他施加影响力，沟通成效将得到加速提升。

以下是两个赢响力在行动的案例。

英国旅游局：英国等你来命名

英国旅游局在中国推出的"英国等你来命名"活动，是赢响力在行动的绝佳代表作之一，也是亚洲市场上最早荣获戛纳公关金狮奖的作品之一。为了吸引中国游客到访并深入体验英国，英国旅游局一直在努力让英国从激烈的旅游目的地市场竞争中脱颖而出。研究显示，中国游客总体来说不喜欢英国的食物，英国的天气也不吸引人，但英国可为游客提供的独特的景点数量非常突出。

但是，如何才能吸引潜在游客呢？很显然，只通过赢得的媒体来介绍这些景点是不够的，这是"老派"的做法。

英国旅游局采用了一个由公关来牵头的、创意驱动的全新整合传播行动。这一行动的核心创意是：数百年来，英国人环游世界，在全球许多地方留下了英国国旗和由英国命名的地名；而这一次，英国转而邀请中国人为英国景点命名，从而吸引中国游客到访英国。

这一传播行动推出的背景是，为了在竞争激烈的游客来源国市场胜出，英国旅游局此前已为主流媒体购买和华而不实的名人代言而大大透支，而且还被认为不太欢迎中国游客。"英国等你来命名"是一个全新的创意思路，它向中国游客发出了诱人的邀请，这种邀请不是购买媒体的注意力，而是要获得来自游客的许可，与他们进行互动。

构成这一传播行动基石的洞察来自一个核心发现：中国人热衷于为自己喜欢的地方、名人、朋友、食物等起名。然而，大多数标志性的英国景点都有着糟糕的中文名字——几乎没有任何吸引力的音译。

但是现在，是一个用美好、有趣的中文命名英国景点、人物、事件和标志性事物的机会。政府会认可这些名字，谷歌地图会收纳这些名字，旅行指南将永远因此改变。一个专门的活动网站为此创建起来，作为英国旅游局与消费者进行互动的双向沟通渠道，所有赢得的媒体和付费媒体，都会将潜在参与者导流到该网站来。

活动成果是，我们收获了 13000 多个命名，如：

Highland Games: 高原勇士大会

Savile Row：高富帅街

The Shard: 摘星塔

英国国家统计局的数据显示，这次传播行动让中国游客对英国的访问量同比增长了 20%，旅游收益即刻显现。同时，因为中国游客在境外旅游期间愿意积极购物，还为英国的经济做出了重大贡献。

成都：全球寻找熊猫守护使

另一个极佳案例是成都的品牌推广活动。为了提升成都的知名度，将成都打造成能与北京、上海、西安比肩的旅游目的地，成都市政府选择将成都标志性的大熊猫保护区作为主要景点来吸引游客，并通过"熊猫守护使"（Pambassador, Panda Ambassador）这一概念吸引了来自世界各地的意见领袖。

大约十年以前，四川省省会成都在中国以外寂寂无名。该市领导认为这种状况将阻碍成都的长期经济发展，期望能改变这一状况，并吸引外国直接投资、增加旅游收入。

基于对成都城市资产和独特价值的透彻了解，一场以可爱的大熊猫为核心的传播活动得以开展。成都与世界野生动物基金会建立了合作伙伴关系，以推动环保行动，保护大熊猫这一濒危物种，同时发起了主题为"寻找熊猫守护使"的活动，为活动建立了专属网站，并借助赢得的媒体和付费媒体将潜在的活动参与者导流至这个网站。该活动为成都吸引了数百万新的到访者，甚至还有新居民。

赢响力和声誉管理

赢响力并不只与产品品牌和旅游项目相关。在任何有消费者花费时间和接收信息的地方，赢响力都有用武之处。

全球著名投资家沃伦·巴菲特曾说过："树立良好的声誉需要20年的时间，而毁掉它只需要5分钟。如果你意识到这一点，做事情的方式就会不一样。"

今天，传播者的思维方式肯定与以往不同。由于社会化媒体渠道的激增和消费者决策行为的变化，公关行业可以看到更多在宏旨品牌化和企业声誉管理方面进行的努力。今天的企业声誉受到来自多个角度的意见的影响，双向互动是建立声誉的核心。如果说好的公关关乎他人如何谈论你，那么能让其他人代表品牌去参与沟通，在今天就变得更加重要。

通过"赢响力先行"的决策，来赢得影响力，这不仅在当今以公关牵头的营销活动中易见，如果你研究过来自所有营销分支领域的获奖项目，将在其中发现到处都有赢响力的要素。

面向未来

展望公关行业的前景，以及赢响力的未来演变，我们备感兴奋。身处这个行业之中，我们有很多工作要做。我们不仅在弥合这个世界的信任缺失方面发挥着作用，还要帮助我们的客户以全新的、不同的方式与受众进行连接并激发受众的行为，在其中发挥出关键作用。

要做到这一点，核心是提升和发展我们的战略能力，尤其是与分析市场动态和发掘受众洞察相关的战略能力。此外，我们还需要借助从行为科学中获得的知识，锐化我们创意性的故事力技能，同时提升我们对数据的运用能力，以指导和衡量我们的传播活动。我们如果行之有道，将以极佳的态势来创造自己的命运。

如果我们能取得这些进展，不仅我们的客户将从中受益，我们自己也将成为营销工作的中心，不会留驻在当今营销世界正在发生的变化外围。

机遇就在我们眼前。如果我们要遵循领导者们关于未来前景的建议，那么以下这句被传出自多位不同商业领袖的名言，就是最好的指引：

"预测未来最好的方式就是创造未来！"

树木与树荫：
企业内部沟通之道

滕丽华
奥美北京总裁

美国前总统亚伯拉罕·林肯说过："人格有如树木，名声有如树荫。树荫是想象的，树木才是真实的。"（"Character is the tree, reputation is the shadow. The shadow is what we think of it, the tree is the real thing."）

当考量一个企业的形象是否健康时，一个很有价值也很有意思的做法，就是把一个企业想象成一个人。他（她）的性别如何？是老年人、中年人，还是年轻人？他（她）的性格怎样？他（她）有什么标志性的穿着、言谈、行为？我们会对比消费者想象的这个人与企业高管所期望的是否存在差别，也会找出那些非常具有魅力的人格特征，进而做更深层次的探究。人格化企业的最高境界，是对企业价值观的挖掘和确立。特别是在今天，品牌与消费者之间的关系在经历了产品属性、客户情感两个时代后，已经到达价值观共鸣

的新境界。^①

外界认识一个企业，往往是通过企业有意而为之的对外传播活动、广告或公关行为。很多企业也非常重视并花费大量的金钱与精力投入这些活动。而一些非常睿智的企业，除了做好对外沟通，还会花费同等精力来做"对内沟通"，让企业的价值观首先在内部获得认同，浸润在员工的一言一行中，并在时机适宜时打通对内沟通与对外传播，通过两者的相辅相成，让企业的人格"树木"收获浓郁的声誉"树荫"。

企业价值观：言行合一

香格里拉酒店集团几年前的一则广告令我至今印象深刻。

在茫茫雪山中，一位旅行者在艰难前行。他似乎迷失了方向，而周围的森林中不时传来狼嚎，更增添了一些恐怖的气氛。当他最终体力不支在黑夜中沉沉睡去时，狼群出现了。然后，并没有出现血腥情景，狼群包围着他，温暖着疲惫不堪的他。

这部广告片传递着香格里拉——这家亚洲最大的豪华酒店集团的价值观："至善盛情，源自天性。"这部片子的播出，引起了很多亚洲游客，特别是商务旅客的共鸣。忙碌而孤单的异地旅行，香格

---

① 菲利普·科特勒认为，市场已经不是以产品为中心的营销 1.0 时代，或是以客户为中心的营销 2.0 时代，如今已进入以价值为中心的营销 3.0 时代。

里拉给你热情关怀，让旅客有家一般的感受。

这种共鸣不是仅凭一部拍摄精美的广告片就能达成的。共鸣的前提是旅客们在香格里拉真切享受到了宾至如归的服务，这是每一位信奉香格里拉价值观的员工用实际行动共同创造的——"如果我们对待每一个人都能像待家人一般，世界将会更美好"。"至善盛情，源自天性"，不仅仅是一句漂亮言辞，而广告片只是凝练升华了这种体验。

企业价值观表述：与时俱进

企业价值观一旦形成，不会轻易改变，但价值观的表述在不同时代可能会被调整，当然，其表达方式也要与时俱进。

我特别尊重的 IBM（国际商业机器公司）是一家具有百年历史的公司。从创始以来，"引领进步"始终是这家企业的信仰，这一信仰在不同时代有不同的表达。大机时代，"尊重个人、追求卓越、服务顾客"是这家企业的基本信仰。PC（个人电脑）时代，时任 CEO（首席执行官）提出了"胜利、执行和团队合作"，带领企业战胜了最艰难的挑战。

当 IBM 从一家以卖 PC 和硬件为主的公司转型为软件及服务企业时，价值观无疑需要新的与时俱进的表达。2002 年新 CEO 上任后，连续两年在网上发起全球员工关于新时期价值观的大讨论，从员工的意见中总结出"成就客户、创新为要、诚信负责"三条价值观。

在中国，IBM 的企业传播部门采用了很多今天看来既创新又接地气的方式，让这三条价值观深入中国员工内心。其中，一个被员工奉为经典的做法是邀请员工进行集体创作，以自身的经历来讲述对三条价值观的看法。这些文章后来被集结成内部读物，书名为《品味蓝色》。该读物出来后深受好评，企业传播部门因此收到了来自全球市场的 100 多封赞扬信，很多员工甚至将此当作了解企业文化和价值观的必读书目之一。

企业价值观传播：内外互通

价值观的对内输出与对外的活动有相似之处，对时机和方式要有周全的策划。很多时候，对外传播与对内传播可以互相借力、相辅相成。

比如，借助 2008 年北京奥运会的契机，很多赞助商都围绕自身所获得的赞助权益，开展了既针对员工又面向消费者的活动。我印象深刻且有幸参与的，是我们当时服务的一家汽车企业开展的令其在中国的近 500 名员工感到无比荣耀的火炬手选拔活动。

在对内沟通上，为了增加员工的自豪感，结合企业"值得信赖"的价值观与奥运"重在参与"的精神，选拔活动建立了让每位员工参与、互动的平台，充分利用企业内部场景进行传播：比较容易想到的是电子邮件、楼宇电视、员工座位、电脑屏保等；也有一些让人颇感意外的场景，比如洗手间。我们把等比例的火炬贴到洗手间的镜子上面，人们可以悄悄体会一下手握火炬的荣耀瞬间。

我们还为参与最后选拔的员工拍摄了"竞选"视频，结合每位员工的性格特点、工作角色以及个人爱好，让他们通过一个奥运比赛的选手形象去展示自己对奥运精神和企业价值观的理解。这些视频在内部广泛传播，激发了员工的参与热情，展现了员工的精神风貌，同时也用作外部传播内容，让公众感受到了公司对中国市场的投入与承诺。与此同时，我们借鉴与员工互动的方式，将之移植到与合作伙伴和车主的沟通之中，让他们也参与到奥运火炬手的选拔中来，点燃激情，共同分享荣耀。

企业价值观根源：内生不息

企业价值观需要言行合一，表述方式需要与时俱进，传播时最好能内外互通，但最重要和最基础的是我们在本文开头所说的，企业价值观这一形塑企业人格的"树木"必须真正内生于企业员工的所思所想所为，并不断从中获得滋养。

以我所服务的奥美为例，这是一家年轻人占多数的创意公司。年轻人一直在推动、共创着奥美的价值追求与表达。

2017年，当奥美在全球启动大变革、简化组织架构、成为"一个奥美"时，年轻人用自己钟爱的快闪形式让北京团队登上长城，纪念这个重要时刻。

奥美北京团队登上长城

2019 年夏天，奥美中国 6 个办公室的 1700 多名员工齐聚游轮，举办了海上大趴，年轻人领衔策划了丰富而有创意的活动。

奥美中国游轮活动

奥美周边产品巡回展览

奥美的年轻人自发成立了特别小组，设计制作奥美的周边产品，还举办了历年周边产品巡回展览。

奥美的价值观吸引了很多优秀的、有才华的年轻人，又因为他们的到来而保持着勃勃生机与活力。他们的一言一行，是奥美价值观的生动体现，让奥美的价值观可以被感知、被传递。身处其中，何其幸也。

奥美"新革局"
带给公关的新机会

罗志勇
奥美北京公关及影响力董事总经理

　　奥美"新革局"——发布"Be One"战略的大动作，已在客户和同行中产生了回响。我们设立了公关及影响力专家群，资深专家分布在各个客户群单元，大家合力弘扬奥美在中国内地 25 年深耕公关专业的优势，并将直面新的传播环境，在"一个奥美"的架构下，以新思维应对新挑战，努力为客户的品牌、奥美的增长，以及员工的职业发展创造新的可能。

融合——公关助品牌有意义

　　奥美是一家以品牌服务为核心的传播集团，使命是"让品牌有意义"（Make Brands Matter）。"新革局"顺应客户的需求趋势，建立的是一种融合的架构，将公关、广告、消费者互动与体验等专业打通，从而使公关能更好地融入客户的品牌营销全局中。顾名思义，"公关及影响力"，目标不止于狭义的公关，而要求立足传播专长，促进品牌影响力的变现。

如今，品牌影响力的建立面临更大的挑战。这主要归因于技术的进步使消费者变得更强大。他们可以从搜索引擎、电子商务平台、碎片化的媒体环境中获得信息来做自主决策。相比传统媒体时代，品牌接触点变得离散，"好事不出门，坏事传千里"，正面传播不易生效，负面消息更具破坏力。信任正在成为一种稀缺资产——WPP BrandZ（著名品牌价值评估公司）2017年10月的一项调查称，消费者认为只有25%的品牌能被信任。如何协调企业的初心与利润追求？公司如何以企业公民的身份面对消费者？如何通过第三方的口碑推荐扩大品牌信任？如何在危机中保护品牌声誉？

解决以上问题，要求企业做到公司声誉、品牌形象、产品/服务体验之间更加一致，综合运用多种专业和渠道，发挥出品牌传播的整合效应，累积信任与声誉。在这一进程中，毫无疑问，公关的参与会"让品牌有意义"。

长期以来，公关被定义为面向利益相关者的一种传播活动、管理职能（以媒体关系管理最为典型）。同时，公关在消费者（B2C）或客户（B2B）沟通和购买决策中扮演的重要角色，也使之早就成为品牌营销的支撑工具。未来公关将日益融入品牌营销全局，这一趋势得到了调查数据的佐证。2017年，美国南加州大学一项针对

全球公关和营销专业人员的调查表明：近乎半数的公关高管和 57%
的营销人员预测未来 5 年内公关与营销职能将更加融合、协同，只
有 8% 的公关专业人员坚持认为公关仍是一个截然不同的独立功能；
87% 的公关高管认为，"公共关系"一词不能描述他们的职业未来，
公关的定义需要拓宽或有所改变。

与时俱进，奥美在"新革局"架构中，将公关与品牌影响力紧
密关联起来，既是看到公关正在演进，也是确认了在品牌影响力的
构建中公关将发挥重要作用。

"赢响力"——重新定义公关的价值

在奥美"新革局"的变革中，我们重新定义了公关的价值，把
其叫作"赢响力"，就是赢得品牌影响力的意思。这是公关及影响
力专家群的一个中心思想。

首先，如何看待品牌影响力？奥美创始人大卫·奥格威说："我
们销售，否则我们什么都不是"（"We Sell Or Else"）。品牌影响力不
是虚幻的东西，其目标是影响顾客、消费者或其他利益相关者对品
牌的认知、态度、情感，对最终的购买决策和行为带来改变。那该
如何实施影响力呢？美国亚利桑那州立大学心理学与营销学荣誉教
授罗伯特·西奥迪尼（Robert B. Cialdini）在其经典著作《影响力》
一书中，阐释了隐藏在冲动地顺从他人行为背后的 6 大心理秘籍：

互惠、承诺和一致、社会认同、喜好、权威和稀缺——高手总是能熟练地运用它们。这多少能帮助我们理解品牌影响力的产生机制。

其次，品牌影响力为什么要去"赢"（earn）得？过去，公关主要使用"赢得的媒体"，或者说通过好的媒体关系和新闻策划来"赢"得免费的报道；现在，公关不仅仅局限于"赢得的媒体"，也会综合运用"付费媒体"（paid media）、"拥有媒体"（owned media）和"分享媒体"（shared media）。但不变的是，公关可以通过新闻性、客观性、故事性、思想性的传播，传递品牌的真善美，帮助巩固品牌信任，提升品牌声誉，实现品牌影响力。美国作家斯蒂芬·金（Stephen King）有一句话："良好的声誉是必须去赢得的东西，绝不是买来的。"与广告相比，公关能更有效地为品牌"赢"得信任、声誉、尊敬，提升品牌的好感度，也就是"赢响力"。

那么，如何经营"赢响力"？我们深入到公共关系的核心就会知道，公关的基础是关系的营建，是关于关系建立的艺术和科学。当成功运作的时候，这些关系使我们能够有目的、相互尊重地与利益相关者交往，获得他们的许可去参与对话，从而赢得影响他人、改变其行为的权利。所以，争取"赢响力"的过程，就是建立关系、参与对话，通过有价值认同的话题，去赢得品牌内容的一次、两次、N次传播的过程。它建立在听取和了解受众、理解他们的兴趣、满足他们的需要的关系基础上，是价值层面的连接，而不是自说自话。这是公关的专长所在。

新机会——文化性、科学性、艺术性

奥美"新革局"定义了"公关及影响力"专业应扮演的角色和应发挥的作用。面向未来，公关的边界或许不再那么清晰，但其专业内核不会消失，甚至有可能会被强化。"一个奥美"是融合的架构，带来更宽的视野、更多的资源、更整合的作业方式，带给公关的是新的机会。这种新机会主要体现在以下三个方面。

（1）彰显公关的文化性

当今时代的品牌，不仅代表一个标识、一个卖点或一种情感，还越来越表现出文化性和社会性，希望对消费者关心的社会议题表达出鲜明的看法。例如奥美"品牌大理想"的方法论，其核心就是，每一个品牌都应建立在所处的文化张力之下，将品牌最佳的自我表现与整个社会文化大环境连接，呈现出品牌的初心和核心价值。

公关本来就是为了协调企业与公众之间的社会关系，帮助品牌保持与社会同步，因而天然具有社会性。无论是对于跨国公司在中国巩固生意，还是中国本土品牌出海，公关先行的作用不可小觑。我们强调公关的战略管理功能，原因就在于公关能为品牌建立与当地社会文化的相关性：一是政策的相关性，如中国的"一带一路"、精准扶贫等大政方针；二是行业的相关性，如人工智能、技术连接性等趋势；三是社会议题的相关性，如LGBT（性少数群体）、环保、教育、养老、消费者权利等。公关不仅表达出品牌的观点，而且通过思想领导力传播，影响政策、产业和社会的进程。

因而"一个奥美"的融合架构，将会有利于且有必要彰显公关的文化性。将内容创意点放在社会文化的大背景下，通过对话寻求价值认同。品牌策略和创意要有温度，关注社会热点、民生话题，了解、分析社会文化环境形成洞察，展现品牌与消费者之间的共享价值，由此制定可付诸行动的品牌营销策略。这样发展出的创意，或可成为一个平台，有潜力让广告、社会化内容、体验营销等都搭载在上面，放大品牌"赢响力"，让品牌更深入人心。

（2）提升公关的科学性

提到科学性，公关过去以"内容"和"关系"见长，如今数据浪潮风起云涌，我们最应该跨界去融合的是数据能力。"Be One"战略发布后，除了公共可得的数据，奥美自身通过工具或与其他公司合作拥有数据资源。我们希望在公关及影响力传播链条的多个环节中，植入数据分析，提升策略、内容、渠道和实效评估的科学性。

首先，公关策略的制定需要通过数据分析，拨开纷繁的信息杂音，实现真正有深度的洞察。其次，公关人要掌握用数据讲品牌故事的本领，谷歌首席经济学家哈尔·瓦里安（Hal R. Varian）曾说，"获取数据的能力——能够理解它、处理它，从中提取价值，将数据可视化并用于交流——将是未来数十年中非常重要的技能"。进一步，现在公关整合地看待媒介资源，从传统媒体到新媒体，从自媒体到独立意见领袖……到底哪些关系能对客户的品牌和生意真正产生价值，这需要数据来佐证。此外，我们有待建立针对"赢响力"的评估体系，用数据度量公关对品牌影响力的价值，帮助客户团队去争取预算、资源或认可。

有人说公关将进入算法时代或者人工智能时代。然而，我们也不能过于偏重数据，而忘记品牌影响力不变的基石。算法不等于对社会文化的洞察，10万+的阅读量也并不等于与消费者建立了有意义、可持续的关系，大数据和大理想之间有一条沟壑，粉丝注意力只是品牌"赢响力"的初始。

（3）增强公关的艺术性

传统上，公关人会精心架构品牌信息房（Message House），强调内容传播的高度、深度和精准度。然而如今最令人难以抗拒且被人心甘情愿地传播的品牌内容，已不是新闻稿，而是有故事、有创意或是能俘获兴趣的表达。社会化媒体提供了一个极好的平台，来讲述一个个品牌的故事。公关的艺术性，将表现在如何用好的创意，或集成有效的跨界资源、科技手段，让品牌故事变得鲜活。

从"赢响力"的角度看，我们需要重申讲故事（Storytelling）的能力。"Be One"战略发布后，公关与创意的结合将更加紧密，但好内容的生产将是一个没有终点的"苦旅"。公关将越来越多地采用文学化、视觉化的方式来讲故事，下一代的内容创作者或许包括诗人、插画家、摄影师等。在跨界资源的融合方面，公关及影响力专家群设立了"资源联动和品牌活化"工作群，大家尝试引入大IP（知识产权）、体育、娱乐资源与客户的品牌联动。在沉浸式内容创作方面，我们也可以利用人工智能、虚拟现实等现代科技去讲故事，让品牌内容更具艺术性、体验性。

一个多世纪以前，近代公共关系的代表人物巴纳姆（P. T. Barnum）讲过一句话："最高贵的艺术就是让别人快乐。"在创意品牌内容必将大行其道的趋势下，我们希望"一个奥美"能彰显创意竞争优势，提升公关的艺术性，让公关及影响力真正为客户的生意创造价值。

为品牌赢得影响力：
概念、方式与案例

王馥蓓
奥美台湾董事总经理

在今日碎片化传播环境下，人们更容易获得信息，但也更容易产生信任危机。品牌所言所为是否为真？

回想自己的信任经验：我们相信亲朋好友的分享、专家的建议、意见领袖的远见，也相信有声誉媒体的报道。我们会发现，即使在社群媒体百花齐放的今天，人们对影响者的信任依然存在。更有趣的是，忠诚的顾客、爱发言的消费者，都有可能是品牌影响者。

那么在现今传播环境下，品牌如何与影响者交朋友？如何找到他们？如何开始对话？如何建立信任？又如何赢得影响力？

What——什么是赢得影响力？

在奥美"新革局"（Next Chapter）简报中，"赢得影响力"定义主要有以下几个要点：

> 核心：这是一个结合艺术与科学的许可过程，为了影响决策并鼓励行动。
>
> 对象：顾客、消费者与主要意见形塑者（key opinion formers）。
>
> 方式：创造品牌与文化的"相关性＋赢得影响者"证言。

这赋予公关专业人员新的启示：无论传播环境如何改变，公关的核心依旧在于协助品牌赢得影响力。至于影响力创造过程，则必须从更宏观、更周全、更具创意的角度思考，并且辅以数码（digital）、社群（social）与数据（data）的协助。

How——如何赢得影响力？

如何赢得影响力？全球奥美影响力专家群发展出的架构提供了思考方向。从大环境（context）出发，寻找品牌擅长并且与品牌相关的社会文化议题，如创新科技、流行文化、气候变迁、贫穷议题、经济发展等。随后，品牌可发展一套影响者生态圈（influencer ecosystem），运用说明、对话、合作、讨论等方式，让品牌主张发酵，进而引发人们的关注，影响其决策或鼓励其行动。

若以品牌商业目标来看，赢得影响力所创造的效果，有可能是新顾客的品牌转移（品牌做了我喜欢的事），现有顾客增加偏好度（品牌信念与我一样），或流失顾客的重新回笼（这个品牌值得支持）。

另一个商业效果则是影响者多半也是企业利益关系人，在持续良性对话的过程中促进了解，因而让品牌做生意更容易。这不单单着眼于商机的创造，更有可能是企业经营优势的创造或累积。例如，高科技公司于研发先期就邀请专家、学者讨论更广泛的应用（经营优势），外商公司运用国外的最佳案例与政府沟通促进法令的松绑（商机），又或者与学术界或年轻人分享企业创新或管理专长以吸引人才（经营优势）等。这些都可以赢得更广泛的影响力，让品牌做生意更容易。

实务观察与案例

在上述思考架构下，我们特别分享实务观察与案例，希望为品牌操盘者提供更具体的参考依据。

通过质量并行方式研究寻找社会文化议题

品牌究竟想拥有什么样的社会文化议题？品牌可从经营理念价值、竞争优势专长、目标顾客关心议题、竞争者所经营的议题，以及大环境所关注的议题等思考可能的方向。

通过质化的方式定义议题，可收事半功倍之效。以全球普遍适用的价值议题为例，气候变迁、人类发展等可以参考联合国所制定的 17 个可持续发展目标；又或者行业议题，如高科技行业谈论人工智能、金融界谈科技金融、汽车业谈无人驾驶汽车等。

通过量化的方式定义议题，则可运用社群聆听（social listening）、特定议题消费者调查等方式，找到品牌想拥有的议题，进而与影响者沟通。举例来说，在过去 8 年，福特全球都会在年初发表《福特趋势报告：消费者行为趋势观察》。这份报告除了可运用在与影响者对话上，也可对福特所致力的 "Go Further"（进无止境）这一品牌承诺的具体行动产生相辅相成的效果，借以说明福特在汽车科技领域的发展与运用。

联合国制定的 17 个可持续发展目标

长期拥抱议题并采取行动才能赢得影响力

针对所挑选的社会议题，品牌会做什么事？会采取什么行动？这是消费者、顾客与主要意见影响者关心的重点。这不应该只是说说而已，更重要的是做，采取具体的行动去影响或改变。

C企业作为台湾地区最大的外商之一，是玻璃、陶瓷与光纤的材料创新专家，希望能强化台湾人对它的认同。因此，我们为C企业选定了创新人才发展作为企业经营的社会议题，通过企业社会责任的方式，已连续数年举办C企业"创星家"活动，寻找具有创新想法的明日之星，并运用企业的资源强化年轻人才的能力。

我们借助学校举办C企业的材料与创新管理、创新材料的应用竞赛、创新材料与管理的工作坊等，让学生发挥创意与创新的能力，并运用企业的材料提出更广泛的应用构想，获得实际做出产品模型或样品的成果。在过程中，C企业赢得了学校老师、研究机构、政府单位对其创新能力与人才发展的肯定。许多理工、设计与材料领域的学生，也通过这样的活动强化了自己的能力，并表达了将C企业作为其未来工作的首选的意愿。

善用创意的力量更有助于赢得影响力

上海奥美集团前总裁张曼华曾经分享，公关与广告的美好结合更有助于赢得影响力。在 2017 年担任戛纳创意节公关评审后，她的观察如下：

> 公关绝对需要超越影响媒体的想法，特别在许多很棒的领域，我们看见越来越多的公关与广告界限模糊的地方。

公关的专长是在广大的社会环境中传达品牌或企业信息，进而赢得影响力。广告的专长则在于找到消费者心中独特的软性诉求（unique soft spot）。

事实上，在今日的营销传播世界，越来越多的软性诉求是与社会议题相关的，对消费者也别具意义。因此，我们看见越来越多美好的结合在广告与公关之间发生。

的确，善用创意也是赢得影响力的好方式。2017 年在戛纳，横扫公关、户外与文化好几项创意奖的"无畏女孩"（Fearless Girls），就是通过大创意赢得影响力的最佳案例。

道富全球投资集团（State Street Global Advisors）挑选"女性职业平权"的社会议题，制订了一个计划，呼吁企业重视性别多元化，并成立基金投资以女性领导者为主的企业。但要如何推广"女权"，才会不落俗套，并且引发人们关注呢？

在当年的国际妇女节前夕，道富赞助知名艺术家克里斯滕·维斯巴尔（Kristen Visbal）制作了小女孩创意雕像，并将雕像立在华尔街著名地标铜牛前面。这个梳着马尾辫、双手叉腰的小女孩，在重达 3.2 吨的华尔街铜牛面前，没有丝毫的怯弱之情，反而勇敢、无畏到让每个人动容。

这个象征女性领导力精神的小女孩雕像，恰好与华尔街公牛雕像形成一个强烈的对比，赢得了全球目光。在短短 12 周里，这个创意创造了 46 亿的推特转发、7.45 亿的 Instagram 分享，以及全球数以千万计的媒体报道，为道富全球投资集团创造了品牌知名度与好感度。最后，小女孩雕像被永久保存，成为纽约市代表女性的六座雕像之一。

扩大并盘点影响者生态圈

只靠媒体赢得影响力的时代已经过去了！面对数字社群快速发展的时代，品牌在思考影响者生态圈时，必须以更系统且更多元的方式建构。

举例来说，无论品牌经营者喜欢或不喜欢，网络已对年轻族群的传播方式产生重大影响。美国 Defa Media 媒体公司所做的调查显示：67% 的千禧一代认为，网络意见领袖创造的内容比电视更让他们感同身受；至于意见领袖对品牌销售所产生的影响力，63% 的千禧一代表示会尝试 YouTuber（YouTube 上生产内容的自媒体人）所建议的品牌或产品。

事实上，网络时代的影响者就是实体世界的代言人——品牌经营者应该找出影响者与品牌之间的契合点，共同创造真实内容，这样才能让消费者买单，创造最大的效果。品牌必须从下列角度思考：品牌特色与意见领袖的特质是否能相辅相成？品牌的说话内容与意见领袖的说话内容是否能相辅相成？除了意见领袖平台，品牌是否也善用其他媒体平台？

另外还有一群所谓的专家影响者，他们的影响力也不容小觑。他们多半是行业或特定领域的专家，对于特定议题有专门研究，并定期在网络上发表看法。他们未必有很大的流量或很多粉丝，但在其专业领域，如烹饪、健康、运动、教养等，有相当深刻的见解。如果品牌可以持续与他们对话，分享或交换看法，自然有机会获得认同，进而赢得影响力。

小结

为品牌赢得影响力，绝对不是短期就能见到效果的工作。品牌需要审慎地挑选符合自己调性的社会议题，系统性地经营影响者生态圈，并且通过"艺术-创意"与"科学-数据"双管齐下的方式，真正打造品牌影响力！

从声明满天飞
到声望真善美

俞竹平
奥美中国公关及影响力总裁兼奥美北京董事总经理

危机管理这个主题，从来不曾因科技进步或时代改变而退出舞台，一直是公关传播行业永恒的课题。大到国家政治、传染病疫，小到消费纠纷、明星八卦，各种传播渠道从不缺少危机消息，甚至还会因为对于流量的过度渴望，编造子虚乌有的新闻。

在这样的环境下，危机早已成为企业生存常态，在高强度的市场竞争、高透明度的信息传播及随机快速的数字化媒体时代，企业随时可能遇上来源难溯的负面批评，企业的运营问题与瑕疵随时可能纤毫毕现于大众眼前，今时今日的危机呈现"多""快""透""乱"四大特性。所有企业、组织、单位，都面临这个挑战。

社会出现热点危机事件时，从来不乏自媒体与意见领袖对于事件的分析、行动的点评以及处理的建议。在事件发生时，舆情的沟通与事态的处理固然非常重要，但在危机常态化的时代，危机管理如果总是把工作重点都放在事态的控制与处理的方案上，只会处处受掣。也正是出于这样的被动思维，以及传播机构基于"舆论决定思想"的心态，采取非正规的手段、意图控制信息的扩散，不但无法平息危机，还会给品牌声誉带来不可预测的严重伤害。

面对危机的常态化，最有效的管理机制是从机构组织的长远发展和品牌声誉的长期建设来思考，企业管理者需要具有企业治理、法律、公共关系三个方面的全局视野，以品牌声誉和价值建设为宗旨，变被动应对为主动保护，实现真正有效的危机管理，让企业更安全、更可持续地发展。这就好比感冒发热时，固然需要服药减缓各种令人不舒服的症状，但是真正要做的事情，还是通过均衡饮食、充足睡眠、身心平衡与规律锻炼来提升免疫力，这样就不容易患上感冒。人类如此，企业亦然。

企业要提升危机免疫力，也要进行三项必不可少的规律锻炼。

建立声誉管理体系，赢得信任与影响力

奥美的控股集团 WPP（全球最大的广告传播集团之一），每年都会针对中国企业的全球发展成绩，发表《最具价值中国品牌 100 强报告》。从报告中，我们看到一个明显的趋势：近年来中国企业成功发展的关键，在于塑造鲜明的品牌形象。企业塑造品牌的目标，除了实现销售溢价和打造竞争壁垒的有形商业利益，还有实现

企业存在目的、为社会创造长期价值，以赢得公众信任及建设社会影响力的无形声誉资产，这也是那些基业长青的著名企业，其品牌为人所熟知、其产品为人所信赖的基本原因。

但一个企业，仅仅在用户和客户心目中拥有独特的品牌形象，是远远不够的，还需要在更多利益相关方中获得可信赖与被尊重的声誉，这些利益相关方包括政府监管部门、员工、投资者、合作伙伴、企业运营所在社区、传媒和意见领袖。此外，影响企业声誉的一系列因素，不仅包括企业的管理能力、治理能力、财务表现、创新精神，还包括企业在员工多样性与包容性上的表现、对雇主商业道德的遵循、对环境的承诺等。

奥美的企业声誉管理体系就是一个以"公司"为中心、面向各利益相关方建立长期、和谐与信任关系，让企业被信任、被尊重，强化提升企业声誉，塑造企业在所涉业务领域乃至商业管理领域的领先甚至标杆地位。

例如，奥美所提出的"战略性企业社会责任和声誉投资"，就是长期声誉建立的最佳体现之一。企业社会责任和声誉投资注重的是"战略性"，并不是简单的慈善公益。奥美曾协助一家全球矿产企业从事长期的可持续矿业研究，以体现企业对中国的长期承诺，帮助企业获得监管单位的信任，同时也切实为平衡经济发展与环境保护带来了价值。这个项目不仅能助力企业的商业战略合法合规地进行，在企业的发展进程中发挥重要的证明和推进作用，更能为企业赢得声誉，让企业的品牌具有社会意义。

建立预警管理体系，强化决策防控意识

危机像火灾，对其进行管理最重要的是预防，不是灭火。管理危机像治病，医者最希望的是"治人未发之病"，而不是"治人已发之病"。所以危机管理最重要的工作在前端，"制治于未乱，保邦于未危""预则立，不预则废"，这些中国哲人的传统智慧，讲的就是这个道理。

奥美的"品牌护盾"（Brand Shield）体系认为，要有效地建立一个完备高效的危机预警管理体系，需要完成四大部分（4R）的工作。

风险扫描（risk mapping）：该工作必须前置，探察企业因结构性缺陷而潜藏的系统性风险，及由一时工作疏忽和失误导致的动态风险，通过长期改善和动态管理，防微杜渐。风险扫描工作包括潜在风险的识别、利益相关者的评估、大众与社交媒体的监测与聆听等。

完善准备（readiness）：对于已知的风险，需要深入且彻底地做好应对准备工作，除了必不可少的应对操作程序的优化，还需要致力于情境的模拟、预案的规划、信息的梳理、回应的内容等系统筹谋，并在事件处理、传播沟通等一线能力上做足培训演练，这样才

能提高全员危机处理意识及强化企业应对能力。

更重要的是，预警管理机制的决策单位必须是由管理层与各专业单位决策者组成的"常设危机处理联合作战室"。因为危机管理的决胜点仍是组织的领导力，以管理层的决策担当，促进公关、法律、人事、财务等各种管理能力的顺畅协作，是克服危机对综合治理能力的极致考验和磨砺的关键。除此之外，有了最高决策权的"常设危机处理联合作战室"，也能保证在事件处理的过程中，对外的声音是一致的。

回应（response）：当问题真的来临时，既是考验管理体系和基础设施是否到位的时候，也是考验全员能否随着情况变化保持灵活性和适应性，并充分发挥一线能力的时候。这时首先要看事实，事件发生时，其规模、涉及范围和发生的原因通常是不清楚的，只有在明确事件的发生原因、规模和责任后，才能采取适当的应对策略。同样重要的是确保处理流程到位，允许团队成员质疑群体思维，防范确认偏差（confirmation bias）（指人们拒绝相信那些与已有的认知不同的主张、事实或证据，在危机情况下，这一偏差会更加严重，例如将所有用户的抱怨都当作黑公关）的发生。

实时、诚实、有效的回应是安抚利益相关者的情绪和反应，争取与利益相关方的沟通机会，为企业的运营、技术、法律团队争取更多时间的最重要措施，而责任与应对策略相匹配对于保护企业的声誉至关重要。回应也需要多渠道响应，利用正确的机制完成从关键信息梳理、有效内容的产生，到与媒体、自媒体、意见领袖、利益相关者进行全覆盖沟通的所有工作。应对期间更需持续追踪公众情绪，并在需要的时候调整沟通方式、渠道、内容与策略。

修复（repair）：虽然最糟糕的情况可能已在身后，但是漫长的修复工作才刚开始，重建声誉工作最重要的两点是：第一，重建信任，确定所发生的事件不会再发生；第二，提升透明度，公开的信息越多越能说服外界相信企业过去的行为与做法已经改变。

如果企业已经在事件发生前建立了颇具规模的声誉管理体系，积累了相当的公众信任与影响力，这样的企业大多能真正地从错误中汲取经验，也真正能做出实际的改变，重拾公众信心。想想过往曾经发生过危机事件的品牌，你还是其中某些品牌的用户吗？又有哪些品牌已不复存在？那些你还在使用的品牌，它们做了什么努力重新获得了你的信任？那些已不复存在的品牌，是不是连"改过自新"的机会都没有，就从市场消失了？

坚持基本价值观，用初心决定应对策略

打个比方，危机事件发生时，事件当事方就像是摆好了擂台，社会公众是擂台下的观众，但危机管理的最终目的，不是要与擂台上的对方一争长短，而是要面对和响应台下社会公众的期待与情绪，取得社会公众的谅解与理解，甚至重获信任。因此，其应对策

略既要基于法理事实又要关照情绪管理，是理性与感性、情商与智商的结合，要采用情胜于理、疏甚于堵的思维。这是公关从业人士最能发挥专长的地方，只有充分共情社会情绪，顺畅协调内外沟通，才能为品牌声誉保驾护航。

那如何才能做到对社会公众期待与情绪的关切与共情？原则是放下"我执"，突破一时的得失心，超越当局者立场，回到企业的基本价值观和长期发展愿景。但这件事说起来容易，做起来颇具挑战。企业的价值观是否已经深入每位员工内心？企业各部门基于专业的价值判断会不会影响决策者？当决策者同时考虑运营挑战、资金压力、法律责任与连锁效应时，他的直觉判断会不会影响应对策略？

例如，某连锁餐厅企业被曝旗下餐厅有卫生隐患，公关部门认为要以企业声誉为重，缓解消费者抵触情绪为先，所以要承担大部分责任；法律部门认为要以保护公司利益为先，不能留下法律隐患，所以不能主动承担责任；运营部门认为控管流程没有瑕疵，可能是竞争者造谣生事。这个时候，如果"常设危机处理联合作战室"的成员能够回到企业基本价值观"顾客的权益与信赖是企业成功的基础"，以卓越的领导力来统合协调各部门的资源与意见，做出对企业最有利的应对就不会太困难。

总之，企业要从战略管理的角度来思考与实践危机管理：重视组织的长远发展以积累品牌声誉，重视防患于未然以建立预警管理体系，重视基本价值观以实现企业存在的目的，这既是危机管理的终极之道，也是时代发展所需。

这样的危机管理和企业治理，不仅能让企业赢得声誉，更能让品牌具有意义。

让品牌有意义，这正是奥美的愿景。

在危机常态化的时代，奥美愿与企业携手努力，让品牌更有意义，只有打造对危机的免疫力，方能从声明满天飞到声望真善美！

（此文首发于《国际公关》杂志第 86 期）

超越流量，
塑造品牌

赵晓光
奥美北京经营合伙人

　　"我知道广告费有一半浪费了，却不知道被浪费的是哪一半。"
这句广告界的名言所揭开的黑盒子，好像在当下的数字传播时代，
已经越来越能够被识别清楚了。但是，与大部分拥抱数字营销平台
和工具的品牌主想的不一样，被浪费的那一半反而是貌似能够精准
化、可追溯、可衡量的那一部分投放。

　　2019 年第四季度，《市场营销周刊》（*Marketing Week*，英国领
先的市场营销杂志之一）发布了一篇文章——《阿迪达斯：我们在
数字营销领域进行了过度投放》，引发了全球品牌和营销市场的热
烈讨论。这篇源于阿迪达斯全球媒介总监的文章直接表示："阿迪
达斯把大把预算砸在了信息流、SEO/SEM（搜索引擎优化 / 搜索引
擎营销）、电商广告这样的渠道，这些渠道可监测，能按 CPA（按
广告投放实际效果计费）甚至 CPS（以实际销售产品数量计算广告

费）付费，ROI（投资回报率）立竿见影。很明显，这违背了基本营销常识：效果转化并非无源之水，这个源头就是品牌建设。"

我们无意在这里定量分析总结阿迪达斯的得失，但可以感受到，在过去若干年以来甚嚣尘上的流量红利时代，在传播和营销领域，到底发生了什么——虽然传播渠道社会化、多元化、数字化，营销、公关、广告等传播方式花样翻新，但逐渐缺失了支撑商业战略、构建品牌价值的核心要义。很多现象相信大家也都能够感受到：平台红但品牌不红，IP火但产品不火，促销促销、不促不销，众人皆知但被打上黑标签。

更多的决策人
更多的平台移动装置
更多品牌、子品牌
更少预算，更多要求
更多评量的标准

更多目标受众
更多接触点
更多渠道
更多区域的要求
更复杂的信息

大碎片时代的营销特点

所有这些现象，都折射出一个反思：在传播平台极度粉末化的时代，在所有个体都有机会成为IP的时代，在爆款事件和内容可以激发十亿量级关注的时代，流量是否能够成为品牌的核心载体？

对于这个问题，我们可以从两个角度来思考：第一，传播环境

变化了，品牌的本质是否发生变化；第二，按照流量引导的思路来
衡量品牌建设的成效，是否能够给企业带来更大的商业价值。

　　对第一个角度，我思考的答案是，品牌的本质没有变化。不论
在什么传播环境之中，品牌都不是由简单的标识、标语、广告片和
新闻稿构成的，也不是由代言人、意见领袖和社交文章组成的。品
牌是消费者对企业提供的产品和服务的直接和间接体验的总和，进
而产生对企业的印象和驱动行为的缘由。这些直接和间接体验，包
括广告、新闻、活动、口碑、设计和色彩、网站、推销、员工行
为、政府认可、社会态度，当然最主要的是产品使用。

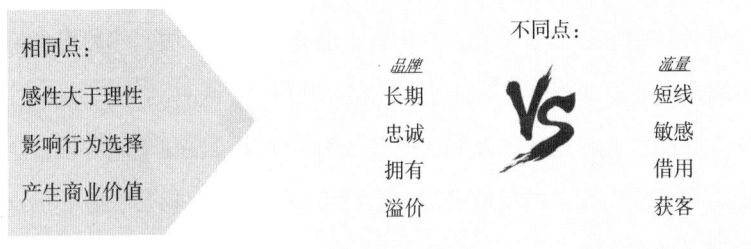

相同点： 感性大于理性 影响行为选择 产生商业价值	不同点：		
	品牌 长期 忠诚 拥有 溢价	**VS**	*流量* 短线 敏感 借用 获客

品牌与流量的异同点

　　我们常说品牌要有鲜明的识别（brand identity），其中，识别
（identity）包含下列两种意义：

　　第一，自明性，有别于他者的鲜明特征；

第二，认同感，和某些事物关联在一起。

比如：我们看到缺了一块的苹果，就会联想到创新技术的手感和美照；看到绿色的美人鱼，就有和同事、朋友促膝交流的氛围萦绕。

一位美国著名企业家的总结非常到位：品牌是一个不用说出口的契约、一个承诺。它是一种感情联结，形成了与顾客间的纽带。如果没有这种关系的话，我们每天都要从零重新开始。

在相信品牌的本质没有变化的基础上，我们考虑第二个角度，即流量引导的品牌建设思路能否给企业带来更大的商业价值。这个角度要从两个层面来展开：首先看企业处于哪个阶段，然后再考量此阶段企业商业战略和品牌塑造的相互映射。

总的来说，企业的发展大概会分为三个阶段。在不同阶段，企业的商业战略和品牌塑造都是一个硬币的两面，但相互映射的重点和意义会有不同。

1.0时期：区格产品，为企业赢得生存空间。初创企业和转型初期企业往往处于这个阶段，产品或服务刚刚投入市场，脚跟还未站稳，竞争对手环伺。或者要与老玩家竞争，或者要教育市场接受全新的品类。这时品牌需要直接作用到产品上，为产品开疆拓土，也就是我们常说的"卖什么吆喝什么"。这个时期的品牌定位，眼中只有客户，行动只在销售，一切为了活下去。

2.0 时期：区格价值，为企业赢得稳定的发展基础。这个时期企业已经取得一定的市场份额，在稳固阵地的情况下，谋求更大的品牌溢价并开始真正打造品牌价值。这些企业通常已有 5~10 年的发展，拥有一定的品牌知名度，可能品牌形象的表达是模糊的，但具备了塑造品牌价值并为业务增值的基本条件。

3.0 时期：区格企业，为企业赢得长远发展所需的环境与资源。企业基本上处于产业主流地位，除了商业价值，企业的社会责任更加彰显。这个时期，品牌塑造将着眼于面向各种直接和间接的利益相关方，建立长久立体的企业声誉。

从这些阶段的特性我们可以看出，流量往往给 1.0 时期的企业带来最大的商业价值。一旦企业进入 2.0 时期，甚至 3.0 时期，就要仔细衡量企业的品牌建立与流量为王的思路是否匹配。一旦不匹配，就会出现本文开头讨论的阿迪达斯反思现象，流量导向反而损害企业的商业价值。

如何才能超越流量思维，确保企业的品牌建设能从长远和根本上保证企业的商业价值？

我们需要确信，品牌塑造的核心目标是实现销售溢价和打造商业护城河，但它不可能一蹴而就，也不能因为短期目标而摇摆。

　　我们期待所有企业，在新时代拥抱新技术和新模式的时候，都坚守品牌传播本质，不要让流量价值高地变成品牌价值洼地。我们看到，所谓的广告黑盒子正在逐渐打开，但其中的错综复杂、光怪陆离、浩瀚深邃，让所有浸淫其中的企业主、传播者和大众，都有深深的无力感和失控感。我们期望与企业主一起，建立明确的品牌构造体系，为企业在市场大海中的航行，建造一座灯塔。

挖掘城市气质，
打造深入人心的城市品牌

周晓俊
奥美北京经营合伙人

现代营销大师、美国西北大学终身教授菲利普·科特勒（Philip Kotler）说过，"一个国家、一个城市，也可以像一个企业的品牌那样，用心经营"。在全球化、数字化、海量信息的今天，每个国家、每个城市，都在全力吸引游客、资金、技术和人才。在这场竞争中，获胜者一定是那些采取了有效营销策略、与受众建立了紧密情感关联、构建了强大品牌效应的国家或城市。那些受欢迎的国家品牌或城市品牌就像人一样，是鲜活的，有脉搏、有个性、有气质的，甚至还是有点怪癖的。它们使人好奇，引人探究，吸引着受众前去旅游探秘和投资置业。

强大的国家和城市品牌对内可以提升市民的自豪感和归属感，对外可以产生两大品牌效应。

一是集聚效应，由外而内产生。由于品牌的影响力，与产业相关的资金、人才、技术纷纷向该地区集聚，产生"滚雪球"效应，最终在这个地区形成完整的产业链和庞大的产业集群。

二是溢出效应，由内向外产生。区域品牌形成后，该地与品牌相关的产品都能获得公共品牌的影响力，产生自然的推广力，并且形成专业化的市场，使其他地区争相仿效。

上述两种效应是相辅相成、螺旋式推进的，区域品牌的集聚力越强，则向外的品牌推广力也越强；推广力强大了，又会导致更大规模的品牌集聚。

这一螺旋式推进的好处也是显而易见的。

一是大大减少了传播成本，集聚效应赋予地区内所有同类产品同样的特性，只要区域品牌得到有效传播，就相当于每个具体产品都得到了传播，不需要单独传播，从而可以节省大量营销成本。

二是可以获得超额溢价，这种溢价能力是地区内同类产品所共有的，只要某个产品对外标榜是区域品牌，就具有了区域品牌的溢价能力。

例如：以环球影城为依托的"好莱坞"就成为全球影视娱乐业顶尖资源的聚集地，好莱坞产影片被视为"大片"而获得超额票房；法国的波尔多地区也因其区域整体品牌的有效营销，使得其出产的"波尔多红酒"获得超额溢价。

这样的例子不胜枚举。

国家和城市品牌的最早实践者可以追溯到17世纪的法国。当时法国国王路易十四不断卷入大规模的战争之中，浩大的军费开支使政府财力捉襟见肘。为增加财政收入，时任财政大臣让-巴普蒂斯特·科尔伯特（Jean-Baptiste Colbert）推行重商主义，鼓励发展工商业，保护手工业者，通过政府直接控制经济部门、建立殖民贸易公司、开办新式工厂，极大地扩展了法国的工业生产和贸易能力。他游说路易十四在凡尔赛宫专门辟出法国产品展示区，将法国各地的葡萄酒、地毯、家具、银器、纺织品等都冠以"Made in France"（法国制造）的标志集中展示，并利用所有国务活动场合向欧洲其他王室集体推介"法国制造"的品质。经过十多年的推广和展示，渐渐地，"法国制造"成了当时欧洲高品质产品的同义词，所有法国制造的农产品和手工艺品都能够卖得比其他国家同类产品更贵，由此为王室带来滚滚财源。

科尔伯特将重商主义付诸实践，扶植了法国的制造业，被称为法国的"工业之父"。在经济学中，重商主义往往也被称为"科尔伯特主义"。而他极富创造性地在凡尔赛宫集中推介法国品牌的思路和做法，也使得后人把他视为国家和城市营销的鼻祖。

与企业品牌不同的是，城市品牌作为一种公共品牌，有更多的权利主体，也因此具有更强的社会属性，正是这一点增加了打造城市品牌的难度。打造城市品牌有其自身的运作规律，不能完全照搬企业品牌的经验和运作手法，尤其是考虑到今天我们所处的营销环境，目标受众处在完全不同的文化和历史背景下，城市品牌的打造因此会受制于一些既有的观念和误解。这类成见通常是由于受众没有掌握有效信息，或者对不同体制、不同意识形态或价值观的国家的误解造成的。这一点是今天中国众多城市开展国际营销面临的最大障碍。

奥美是最早将国外城市品牌营销案例和经验引入中国，并开展实践的国际传播集团。奥美善于运作能够改变城市形象、持久深入人心且具有影响力的城市营销战。

从诸多实践案例中，奥美针对城市品牌建设归纳了一些心得。我们认为，城市品牌建设需要遵循八条基本原则。我们不妨结合一些案例进行解释。

要有能激发受众情感关联的、让人心动的品牌定位

城市营销对外说什么，既取决于城市自身有什么，又有赖于受众希望听什么，两者之间总有种情感的东西关联着。所以，一个直击人心、能引发受众共鸣的定位是一切传播动作的起点。"I Love NY"（我爱纽约）营销战就是最好的例子。

"大苹果"是纽约市的昵称，也是对这座容得下多元文化、缤纷故事的大都市的最好注释。

你知道这个昵称的由来吗？它又是怎么为世人熟知，成为纽约的象征的呢？

　　这个故事和一个叫比尔·菲利普的人有关。

　　1975 年春天的一个早晨，时任奥美纽约办公室董事长的比尔·菲利普吃着苹果，从曼哈顿的公寓步行去上班。当跨过纽约街头两边成堆的垃圾时，他想：我能在这样的地方住下去一定是疯了。

　　当时，纽约市面临众多棘手的社会问题，清洁工人罢工导致垃圾成堆。除此之外，还有激增的犯罪率、随处可见的破产，纽约商业环境恶化，城市声誉跌落谷底。

　　作为品牌代理商，作为一个纽约人，菲利普迫切希望能用自己的所长，为提升纽约的品牌声誉出一份力。此前，他已和同伴做了很多研究和访谈，发现人们爱这座城市，感受到这座城市的绚烂多样和包容活力，可是一些负面的城市新闻也确实令人纠结。他一直没有找到合适的言辞来表达对自己所居住的这个城市的复杂情感。

　　但就在那个早上，灵光闪现、电光石火的那一瞬来了。

　　他一到达办公室，就碰见了同样啃着一个大苹果的创意总监杰伊·舒尔伯格。舒尔伯格同样分享了上班路上的所见所感：纽约人对这座城市实在是爱恨交织，可是你要问他们愿不愿意搬走去另一个城市？没有人会回答"愿意"，因为"纽约是唯一的"。

　　菲利普一瞬间收获了灵感。

　　他和舒尔伯格想出了一句话的文案，来形容这种难以名状的体验：生活在纽约，你得有点疯；但要舍弃纽约去别的地方，那你就彻底疯了!

他们用爵士乐的一首曲目《大苹果》来描述这座城市 —— "成功树上苹果何其多,如果你有幸住在纽约,你就挑到了最大的苹果"。换句话说,"你可以选择在全球各地演奏,但只有纽约才是独一无二的,尽管你得有点疯"。

文案有了,那视觉符号呢?

奥美的创意团队围绕大苹果施展了他们的技法 —— 他们将纽约的天际线叠加在一个鲜红的苹果上,并加上新元素,顺势推出系列地铁和公交车广告。

在那之后,纽约市盯住"大苹果"这个定位,用了几十年的洪荒之力,让纽约的城市形象和品牌声誉有了脱胎换骨的改变。

如今,大苹果这个昵称,以及"I Love NY"这个红色图标,已经成为世人皆知的纽约市象征。

在纽约城市形象最艰难的时期,奥美送上了暖暖的加油与鼓励,在灵光闪现的那一瞬间,找到了城市打动人心的那个定位点。

这个精准的定位绝不是凭空而来的,是需要做大量的调研和访谈,基于受众认知分析和洞察才能得出的。没有深入的调研、探索和洞察,是不会有那直击人心、灵光闪现、"捅破窗户纸"的一瞬间的。

挖掘城市文化内涵，把文化体验作为城市品牌的内核

只有文化的才是持久的，历史悠久的文化元素才是城市品牌真正吸引人的内核。我们要把它挖掘出来，讲给受众听，通过体验来制造营销效果。"不可思议的印度"就是一个例子。

"不可思议的印度"是2000年初印度财政部开展的一次旅游目的地行销。印度面临着吸引国外高端游客到访、增加旅游收入的迫切任务。

可是，印度有什么值得拿出来一提的？

基础建设薄弱、拥堵、杂乱、污染、难闻的气味……

脏乱差……牲畜满街跑……

然而，在做了大量的游客抽样访谈后，一个新发现浮出水面——在游客眼中，印度有充满魅力的另一面，深厚的文化体验完全可以冲抵物质条件的不足。

丰富的历史、文化、文明，种族、信仰、生活形态、饮食、景观的多元化，还有瑜伽……

一切都充满了神秘感，越深入体验，越能发掘印度文明的魅力所在。

"在印度，只有你想不到，没有你找不到的！"

印度的文化魅力无法用简单的语言来表述，但"不可思议"（incredible）一词理想地概括了印度的神秘，也留有了足够的想象

空间。

围绕"不可思议的印度"的品牌定位，360度的传播攻势由此展开。这个案例可能是亚洲最早的系统性旅游目的地营销案例。

要妙用品牌的"图腾"

城市品牌的信息是需要"符号"来具象化的，否则很难吸引人们的注意力。视觉的东西总能比文字更抓人眼球，城市品牌也一样。所谓"图腾"，是自古以来有某种特殊含义的标记和符号。城市品牌的"图腾"是一个承载城市品牌信息的多维度符号体系，它可以是一位城市明星、一座地标建筑，甚至是一个球队、一个年度赛事，如悉尼歌剧院、巴黎埃菲尔铁塔、伦敦大本钟，还有英国曼彻斯特的曼联队、巴西圣保罗的嘉年华巡游、意大利威尼斯的年度假面舞会等，这些都扮演着城市品牌"图腾"的角色。

成都的海外城市营销案例就巧妙地借力了熊猫作为品牌"图腾"。

其实，成都在开展海外营销时，费了好大功夫来确定最能代表城市的符号和标记。

火锅、金沙遗址、川剧变脸、川菜、熊猫，甚至宽窄巷子，真是哪个都想说，哪个都舍不得。

可是，面对陌生的海外受众，跨文化传播需要恪守"简即美"

的道理。对那些连成都在中国的什么地方都不清楚的海外旅游受众，我们必须先让一个核心标记深植他们心里，多了别人就记不得了。

所以在打城市知名度的阶段，成都必须忍痛割爱，下狠心先把其他符号放一放，集中精力打"熊猫"牌。

有了这样的认识，在2012年伦敦奥运会开幕的前三天，成都策划了一次"成都熊猫闹伦敦"的行为艺术互动，项目取名叫"熊抱"（Panda Hug）。

在英文俚语中，"Bear Hug"（或称"熊抱"）有"大大的拥抱"的含义，"Bear Hug"变身"Panda Hug"，"给成都熊猫一个大大的拥抱，成都熊猫还你一个爱心"。

108只憨态可掬的"熊猫"走上伦敦街头，在大本钟下、在地铁站里、在超市、在特拉法加广场，拥抱路人。成都还在整个活动中喊出了"一个城市 保护一个濒危物种"的主题口号。

这个策划通过熊猫这个"图腾"，把"成都——熊猫故乡"的品牌定位固化了下来，在海外旅游者心里建立起了两者的强有力连接。从"熊猫＝中国"搭桥到了"熊猫＝成都"，引来了全球游客纷纷到访。

尝到了这个甜头，这些年以来，成都都是以熊猫为海外营销品牌主打符号，并在这个符号基础上进行延展，其他符号元素则扮演辅助补充的角色。

"搭载"和利用好各种传播平台与载体，巧用社会化营销

目前，城市营销正从"粗放型"向"精细型"转变，品牌拥有者思考的是如何提高传播效率的问题。不管是"搭载借力蹭热点"，还是"自起炉灶"打阵地战，合理利用好社会化营销手段，借力病毒式传播，往往可以起到事半功倍、意想不到的传播效果。

"英国等你来命名"（Naming Great Britain）就是一个妙用线上平台的社会化营销案例。

这是一个低预算的旅游推广案例。英国国家旅游局希望提高中国年轻人对英国的喜好度，让更多年轻人了解英国文化风俗，并促发他们到实地旅游探索的行动。

可是英国国家旅游局的预算很低，他们也无意在中国的电视台投放大制作的宣传广告。

那么多国家在中国开展旅游推广，都在吸引中国高消费能力的年轻人，如何让英国旅游脱颖而出？

英国旅游局最终确定了一个创意解决方案——通过社会化营销手段，在网络上制造一个关于英国旅游的热议话题。

什么话题能引起年轻人关注并参与呢？

答案是——"英国等你来命名"，推出 101 个英国的美景趣事，在网络上征集诙谐有趣、巧思贴切的中文名字，获胜的名字会入选

维基百科地理名称，并被永久使用。

活动一上线，立刻引爆了年轻人的参与。于是许多英国的旅游景点就有了有趣的中文名。你到旅游攻略的地图上搜索，就不再是一堆看不明白的英文，或者一堆词不达意的音译，而是一批极具创意的新称呼，比如下面这几个有趣的名字。

以前伦敦地标建筑、高耸入云的 Shard Tower 曾被人译为"碎片大厦"，现在有了新的靓名"摘星塔"。

位于威尔士西北、安格尔西岛上，全欧洲名字最长的一个小镇 Llanfairpwllgwyngyllgogerychwyrndrobwllllantysiliogogogoch 终于有了中文名字"健肺村"，因为旅游者如果没有好的肺活量，根本无法一口气把这个镇名说全。

在多赛特郡有一个塞纳阿巴斯巨人像（Cerne Abbas Giant），以前旅游者只能跟导游比划说那个"一丝不挂的巨人""大力时尚男"，现在它有了正式名字——"白色大裸奔"！

伦敦西区著名的高端衣饰定制一条街萨维尔街（Savile Row）则干脆叫"高富帅街"，因为去那儿的差不多都是拽拽的高富帅。

虽然这个线上取名活动看起来并不能直接给旅游景点带来游客流量，但它引发了一轮关于英国旅游的线上热议，并进一步由线上话题转而引发线下媒体报道，成功提升了当年英国旅游的热度。这个活动触及了年轻人精神层面的某种诉求，对他们来说，最终获胜赢得实地一游的机会固然难得，但更有成就感的收获是自己的创意命名得到了认可，也算"创造了历史"。

挖掘区隔性，制造差异化，避免同质化

跟人一样，城市也有自己的个性和气质。可是看了国内电视台的城市宣传片，你能记得住几个名字？"千城一面"的同质化问题在于没有找到区隔点。在信息爆炸的今天，城市的信息只有"走心"才能打动人心，那种高楼、绿地、美景、笑脸堆砌的视频广告根本无法在目标受众心里留下一丝涟漪。

一个让我印象深刻的经典差异化营销案例是美国拉斯维加斯的讲故事法。

15秒视频里展现的故事场景，是一个身穿保守黑色办公室套装、戴着黑框近视眼镜的女白领登上从纽约飞往拉斯维加斯的航班……

场景变换：当车门在米高梅赌场酒店门口打开时，下车的是一个烈焰红唇、脚蹬高跟鞋、风情万种的摩登女郎，与灯红酒绿、纸醉金迷的氛围高度契合……

场景再切换：当返回机场的车门再次拉开时，摩登女郎又变回那位穿黑衣套装、中规中矩的办公室白领了。

这就是著名的拉斯维加斯城市差异化营销案例"What happens in Vegas, stays in Vegas"！这句话的意思是"在拉斯维加斯发生的事，

只会留在拉斯维加斯"。

换句话说,"你在拉斯维加斯的风流事、荒唐事,只会留在拉斯维加斯,别人是不会知道的"。

这一下子就抓住了很多职场人在高压的压抑环境中,希望放飞自我、放纵一下、偶尔"出出格"的那种心底深处的小心思。

这一略显另类的宣传片一经推出,立刻被人津津乐道。现如今,"What happens in Vegas, stays in Vegas"已经成为英语中的一句固定用语,意思是"你的秘密很安全"。

所以,要让你的城市真正展现出与众不同,你找到那个内在的不同了吗?那种流水线似的城市宣传片就不要再做了。

有创意的事件营销

"事件营销"是打造城市品牌可以依托的重要手段。这个"事件"不是政府工作日程上领导讲话、剪彩、奠基、群众集会那类按部就班、四平八稳的活动,而是能产生传播效应的营销事件。它需要有"爆点"来引发关注,有曲折震荡来引发扩散与参与,有冲突来引发讨论与互动,在整个事件各环节中始终引发对话题的跟踪和关注。

有创意的"事件营销"能激发受众的好奇心,带来出其不意的效果。"成都大熊猫闹伦敦""英国等你来命名""成都全球征召熊猫守护使"等无不是"事件营销"的思路和打法。

当然，"事件"的策划如果能"搭载"热点话题和平台就更好了。这些年很多城市都举办了很多国际高端会议，G20（20国集团峰会）、财富全球论坛、达沃斯、进博会等，其实，受众在这些重大事件中，关注的不仅是会场里的信息内容，更是会场外城市里的花絮和故事。在这些重大会议之前、之中、之后，策划"事件"会使城市品牌的关注度成倍提升。

我接触的很多城市管理者深有感触地说，一个好的事件营销创意和策划方案可以抵得上成百上千万的广告投放。城市营销不应上来就搞那种粗放型的大制作广告、媒体投放了，而应该把精力用在事件的策划上。事件故事线策划好了，关注度自然就来了。

这就是我们所说的"走精细化营销之路"，这也再次说明了在城市营销作业中策划和智力的价值所在。

品牌信息的统一连贯、一脉相承

目前国内城市品牌建设的一大弊端是短期行为，缺乏持续性。品牌定位往往飘忽动摇、朝令夕改、朝三暮四，推广方面则忽冷忽热，甚至一曝十寒。其结果是推出了各种名目的城市品牌概念和口号，可是受众一个也没记住，这也意味着前期所有的品牌化投入都打了水漂。

国外成功的城市品牌无不是历经了时间的沉淀和检验。策划者也许在前期品牌定位阶段花费了大量调研和分析成本，事实证明这些前期策略研究都是非常必要的投入。"I Love NY"几十年了，所有后来的营销动作都围绕着这个基点，就像不断往储钱罐里存钱，城市品牌资产越积越多、深入人心。"不可思议的印度"也是一样，从 2000 年至今已经 20 年了，现在你仍可以在北上广深和中国其他主要城市看到"不可思议的印度"系列户外广告及公关推广活动。

一脉相承，"咬定青山不放松"，或许是最关键和最应长期坚守的原则之一。无论如何，一个城市的品牌信息不仅需要保持渠道和媒介之间的一致性，更要注意时间上的连续性，不能因政府换届而变化不定，让受众摸不着头脑。

做好内部传播，获得市民的认同与支持

最后，城市营销活动的理念必须被作为"自己人"的市民广泛接受，他们才是城市品牌的权利所有者。区域内部的认可和支持是策略成功的基石，缺少它，再多的传播工作也无异于建在沙滩上的城堡。所以，城市管理者得不时检视一下自己，充分发动市民参与城市品牌的建设了吗？有没有越俎代庖？

上述八个原则是奥美多年来城市营销实践的体会。随着中国"走出去"步伐的加快，国际影响力的日益提升，打造国家品牌和

城市品牌日益成为现实命题。国家品牌实际上是由众多的城市品牌汇集支撑而成，打造城市品牌，根本是挖掘城市的"软实力"和内在气质。从这个意义上来说，城市营销工作就是在落实"国家软实力"。"讲好中国故事"就是要让众多一线、二线、三线城市讲好它们各自的城市故事。

让我们携手来讲一讲我们城市的故事吧！

创意让生意更好，
也让世界更美好

郭元秋
奥美北京经营合伙人

准备写这篇文章的时候，正值疫情被隔离在家办公整整一个月，新型冠状病毒将人类逼进真正的"命运共同体"，为吾辈性命强加了一把时间锁。

人在困境与逆境的时候，容易反省和创造。三个半世纪之前，黑死病席卷英国，紧接着，一场大火烧了半个伦敦，对彼时正处于中世纪黑暗走上科学曙光之路的先人的健康、求学、通信联络、出版均构成极大威胁，而艾萨克·牛顿正是在故乡郊野于1665年至1666年两年内完成旷世奇作，他的数学、力学、光学等一系列伟大发现，甚至解决微积分问题的一般方法，都来自那段时间。

放手远方的牛顿，看看当下。

突发危机下，生意越发艰难。但，困境中也会有新境。我们不妨用这段时间去思考一下对广告生意来说至关重要的创意的那些事儿。沉思潜行，静待春来，一切依然会再次生机勃勃。

用创意解决问题

很多人都读过奥格威的《一个广告人的自白》。在奥美，每一个新入职的员工都会收到这本书，同时还有一本奥美的红宝书，其内容精选了奥格威做广告时的各种语录。虽然已经过去几十年，书中很多犀利的洞察依然在指导着一代又一代的广告人。其中最为经典并为我每次提案奉为圭臬的一句话就是："We sell or else？"（除了销售，我们一无是处。）

大家都知道奥格威是一个文案专家，曾经写出很多"神"文案（其实大多是长文案，我一直觉得他更像一个公关人）。但很显然，他对"神"的判断标准是如何帮助销售，也就是如何帮助解决客户的生意问题。这也许是他曾经身为一名销售人员挨家挨户敲门推销厨具时得到的真谛：用创意（广告）解决（客户）生意问题是大事。

近几年的流行叫法是：品效合一。

广告创意的底色是技术，出色靠艺术

在讨论创意之前，创意作品与广告的区别，是每一个广告人应该弄明白的第一件事情。这一观点奥美前员工东东枪的《文案的基本修养》一书中重点描述过：创意作品不等于广告，因为创意作品是用来表达的，表达某种思想、某种观点、某种感受，甚至某种才华；而广告不是这样，广告不只是表达，还是说服，更是影响。简而言之，创意作品是在表达自我以获取认同或认识，广告旨在影响他人而引发改变，这就是本质区别。

创意作品不一定是广告，但可以成为广告，广告需要艺术，但不能只是艺术。比尔·伯恩巴克就说过：我们要向世人证明——好的品位、好的艺术、好的文字，可以变成好的推销。广告是扰人的艺术，如果我们能用更好的创意让更多人愿意被打扰，这或许也是一个广告人的责任所在。

同时，数字广告的变革也带来了很多热点话题。第一个就是创意和技术，究竟谁占主导？这个问题在不同的人心里有不同的答案。但有一点大家有共识，那就是技术已经逐渐成为广告创意的"底色"。

我们需要充满想象力的、有点用"算命"解决问题的创意者，也需要具有神秘色彩的、靠"算法"的程序员。

技术让创意的生产、测试迭代都更规模化，呈现在用户面前也更个性化。十几年前提到 IT（信息技术）部门，它在奥美是一个专门的部门，是帮我们修电脑、维护网站、建立数据库和进行文件灾备的后台部门（Back Office）。而如今，程序员已经成为我们创意的重要参与者和贡献者。

除了支持产出创意，技术还让我们的广告创意抵达更精准，反馈更及时灵活。最近，大家都在谈论"MarTech"（一种智慧营销概念），把技术和品牌营销以及管理整合到一起来谈。我们可以根据大数据做出最优的投放决策，既能确保客户数据的安全，也能大幅提升效果。同时，我们还能及时地获得消费者反馈，及时地做创意改善和提升，从传统时代的千人一面做到数字时代的千人千面。这一切，都拜技术所赐。

广告是一门技术，也是一门艺术。技术与艺术，一个左脑，一个右脑；一个极客，一个随意。它们融合在一起，便有了创意这个甜蜜点。

用创意让更多人愿意被打扰是
广告人对这个世界最大的善意

前文提到过，广告是一个扰人的艺术，但我们不能把这种打扰变成骚扰。比如某些高频重复、令人脑袋炸裂的广告，还有半夜回家在楼梯里看到把你吓得不敢睡觉的广告……林林总总，虽然给消费者留下了印象，赚取了短暂的流量，但我相信长久来看，它们不会让消费者对品牌产生偏爱之心。

用创意让更多人愿意被打扰或许是广告人对这个世界最大的善

意。那接下来，我们谈谈如何能产生更好的创意。

第一，不要迷信创意大师，好的创意大都是交流中碰撞出来的。

有一种说法：在一个充分竞争的、开放的、成熟的行业，是不会有大师的。广告行业不是要成为谁的老师，而是应该把身边的每一位都作为自己的导师，包括刚入行的、资历尚浅的年轻人。创意的要诀就在于此——大众创新，万众创意，在奥美的实践就是全民创意。

我们相信好的创意有一部分的确来自天分与灵感，但大部分好的创意不是凭空而来的，是洞察与传达的核心相遇、融合、碰撞最终产生的。

所以，坚持碰撞，与不同的人、与洞察、与自己的人生阅历、与爱好不断碰撞。

第二，求多，不贪大，力求简单而直接。

在我看来的好创意是什么？有一句话形容得很生动：人们在没有看到它之前，觉得很难想到；人们在看到它之后，觉得谁都可以想到。这或许就是一个好的创意，简单而有巧思，而且它往往还有另一个功效：可复用并源远流长。这就是为什么一些好的创意在很多年以后依旧会被再度抄袭。

一定谨记，好的创意往往解决一个问题，聪明而简单。记得2011 年在服务一个著名的汽车品牌的时候，我们与客户达成了创意的第一守则：Think in a smart way（像 Smart 一样智慧地思考）。在这一创意准则的指导下，我们产出了很多经典的创意案例。至今与客户相聚时，我们还会常常提起，并津津乐道。

好的创意会永葆青春，成为经典。

第三，善用大数据，让洞察激发创意灵感。

奥格威曾经一直热衷于直效营销，就是因为它是以数据为基础的。他在自己的书中写道："我一直在旷野中呼唤，努力让广告界同侪认真看直效营销，直效营销是我的初恋，后来成为我的秘密武器。"

对于客户来说，大数据能让采取的营销行动变得有据可依，媒介投放更加精准。而对于创意者而言，这些大数据可以给我们带来洞察，可以改善甚至激发我们的创意产出。我们有幸生活在一个移动互联和大数据的时代，让一切有迹可循。

好的创意不仅仅是靠命，更多的是拼命，与这个世界保持时时的连接。

第四，聚焦洞察，创造话题。

明确一下，这里制造的新闻是真正的社会话题（Social Topic），而不是明星制造绯闻。除了要有一个好的创意外，另一个检验方式是看它是否会成为一个热点话题，自带流量，成为新闻热点。这样的好创意会节省很多媒介购买费用，其效果往往也会超过预期。曾经在戛纳荣获金狮奖的案例"英国等你来命名"，就是这样一个典型案例。它利用了中国人愿意给别人起名字这个洞察，邀请年轻人来给英国热门旅游景点起网名，帮助英国增加了中国游客数量，而且效果显著。

第五，多一点点冒犯，因为广告人的血液是"坏的"。

记得 2018 年的奥美尾牙（企业年会）上，TB（宋秩铭）老先生用"广告人的血液是'坏的'"去激励年轻的广告人打破常规，而不是桎梏在所谓的创意套路里。

我们在很多创意实践中也印证了他的这句话。大家都知道戛纳国际创意节一直是广告界创意的风向标。2019 年大部分激动人心的获奖作品都关乎平权、环保、人道主义等重大命题，这不仅是宣传品牌，更是在推动人类社会向更美好的地方迈进。所有杰出的创意，都是一场勇敢的"冒犯"。正如耐克亮出那句"Believe in something. Even if it means sacrificing everything"（信仰，即使意味着牺牲一切）时，那些坚固而不合理的东西会一点点碎掉。

勇敢与冒犯或许是创意人应该具有的另两种品质。

第六，好的创意不但要解决生意问题，还要解决社会问题。

前面提到，好的创意不是花拳绣腿，不但可以帮助客户解决生意问题，甚至可以解决社会问题。

2016 年，阿迪达斯联合 Parley for the Oceans（一家海洋环保机构）从海洋回收塑料做成鞋子，这场声势浩大的营销在当年一共只生产了 50 双鞋，这是创意。到了 2019 年，阿迪达斯已经生产了 1100

万双用可回收塑料做成的鞋子，这是生意。阿迪达斯的这个案例告诉我们，好的创意可以变成好的生意，同时也可以解决全球环保的社会问题。

2018年，从戛纳捧回铜狮奖的《52个镇长》也是这样一个好创意。这个全球招募轮值镇长的项目，让远在黔东南的丹寨万达成为网红小镇，最重要的是让丹寨县提前一年完成全县脱贫。一个好的创意可以更持久和持续，目前已经有近100位来自全球各行各业的镇长来丹寨"执政"，让精准扶贫的可持续发展有了创新的营销模式。

除此之外，还有最后一条创意真谛：真情实意。好的创意往往来源于真情实意，真情实意最打动人心，这一点比以上几条都更为重要。

我时常把自己定义成创意和生意的摆渡人，虽然觉得自己从事这个行业不是为了"拿奖"，但这个行业还是需要持续的热情和理想，人生至少要赢得一次全场起立为你鼓掌的机会。

优秀的创意（广告）作品，可以让生意更好，也让世界更美好。

最后，改编一下杰克·韦尔奇说过的一段话：把创意和生意想象成两条高速公路，一条代表着创意，另一条代表着生意；现在，想象一下这两条高速公路交叉的情景，用自己喜欢和擅长的事情帮助客户解决生意问题，也解决我们自己的生意问题，这就是幸福的交叉点，也是从"影响力"到"赢响力"的交叉点。

　　两年前，"一个奥美"战略发布时，我写了一句话：创意与生意的距离，金宝街最短。这只是一个期许，也是新一代奥美人应该努力的目标。

第二章

品牌大理想
与社会价值

品牌理想
与传播之路

韩莺
奥美北京公关及影响力副总裁

×

任凌
奥美北京培训副总裁

品牌能有理想吗？

品牌能有理想吗？一个商业机构，是否能够承受"理想"这样的字眼？

彼得·德鲁克曾说过：企业有两种，一种为了赚钱不惜给社会制造问题，另一种通过解决问题获得发展。

很显然，每个社会问题都是一个商业机会。企业要想把生意做大做久，就需要去解决问题。通过制造问题来赚钱是投机，不会长久。

如何解决问题？解决问题的前提是大家要有一个共识，基于这样的共识去寻找解决问题的办法。否则力不能聚，问题就得不到解决。这种共识，我们称之为"品牌理想"，用奥美的语言来说，是"品牌大理想"，是"内蕴的恢宏"。奥美将之表述为：

> 奥美深信，如果我们能发扬每个品牌、每家企业，以及每一个人内蕴的恢宏，世界将会更美好。

这种品牌理想或曰"内蕴的恢宏"，其实是一种真正的企业公民责任，因为它从源头保证，品牌的存在对这个社会是有益的，至少是不坏的。

品牌理想是什么样的？

奥美给出的"品牌大理想"组成公式如下图所示。

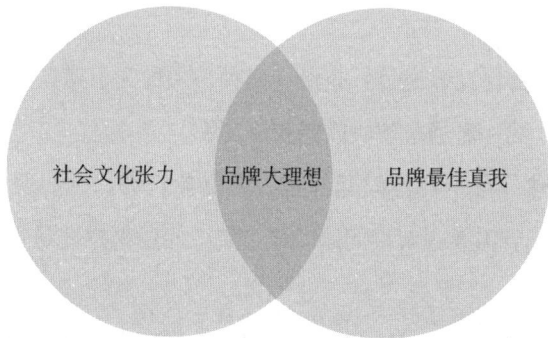

品牌大理想示意

很显然，奥美认为"品牌大理想"是"品牌最佳真我"与"社会文化张力"的交集。首先，品牌大理想必须基于社会文化张力，能够回应社会文化痛点；其次，品牌大理想同时又需要基于品牌自身特质，与品牌自身特质和产品紧密相连，非此品牌莫属，是唯有"这个"品牌才能表达的价值主张。

既然品牌大理想是对社会文化痛点的回应，就必然有争议性，有点醒之感，如此才能引起关注、讨论与共鸣。吉列在印度通过对女性的调查让男人明白女性并不喜欢男人留胡须的案例，就很好地证明了这一点。

在这里，我们需要知道如何区分体现社会张力的痛点与社会热点。体现社会文化张力的痛点往往不是浮现于外的，需要洞察力的观照，需要借助品牌自身的表达和传播，将之发酵、催化或放大成社会热点。它关乎的是铸就品牌根本的品牌理想，需要的是深入的策略思考。

社会热点则随性许多，虽然有些热点能成为热点，或许和它背后所投射的社会文化张力不无关系，但很多时候，一场演出、一阵暴雨、一个新生命，都可以成为热点。品牌对社会热点的借势，更多体现的是品牌绽放创意和灵感火花的能力。如果这种借势能比较贴切地与品牌风格、个性，甚至品牌理想相连，无疑会锦上添花；但如果不能，就容易流为炫技之举，纯为热点而热点，只有热闹，也徒有热闹。

今日中国的社会文化张力在哪里?

"品牌最佳真我"需要品牌向内探求,对品牌来说,或许不是很困难;社会文化张力则需要品牌向外追索,看起来不是那么容易找到入手点。没有对社会文化张力的洞察,品牌就无法出产真正的品牌大理想。

多年以前,被誉为"公共关系之父"的爱德华·伯内斯曾说过:"按照我的定义,公关人是应用型社会科学家,他们为社会或雇主提供社会态度和行动方面的建议,从而帮他们获得赖以生存的公众支持。"可见,公关,或者说更广义的营销,应该是一门社会科学。这个行业的从业者需要有对社会的认知和洞察,只有这样才能帮助品牌确立它的"品牌理想",并进而获取公众关注和支持。

那么,今日中国的社会文化张力在哪里?浅流表象之下,有哪些冲突和张力暗蕴,有哪些价值观多元并存,让品牌可以有空间去选择、去表达、去主张?

要找到品牌可以在此之上着力和发挥的社会文化张力,先得界定社会文化的含义和范围。文化是个很大的命题,有多层次、多形态。奥美的"品牌大理想"模型绘出了文化张力的图谱。这一图谱包含五种文化语境。

首先,是大众内心根本性、普遍性诉求,如确定性、安全感和身份认同,它超越了具体的文化属类,是基础型文化语境。其次,是一些与人群覆盖范围有关的文化属类，由窄渐宽分别是：公司文化语境，主要由大众对特定公司的集体记忆构成；行业／类别文化语境，与所处行业和类别密切相关；分众偏好、族群亚文化和差异性诉求；大众价值与群体观念。

文化张力图谱

在每一种文化语境下，我们都可以体会到观点与观点之间的碰撞、冲突，找到文化张力之所在。当然，对企业而言，如果想引起最广泛的社会关注、讨论与支持，所提出的价值主张和品牌理想最好是基于人群覆盖范围比较广的文化属类，或者是基于两种文化属类之间的冲突与碰撞，如族群亚文化与主流文化之间的冲突与碰撞。引起全社会的共鸣与激荡，这大概是每一个有愿景的企业所追求的品牌大理想所能达成的影响。

品牌理想如何传播？

有了品牌理想，如何才能传播出去，达成真正的关注、讨论与共鸣？要实现这一目标，主要从三点下功夫。

第一，品牌理想的落脚点。

品牌大理想，听起来很"大"。在这个解构一切、藐视权威、去舍宏大的时代，这似乎颇不合时宜。但实际上，这个"大"指的是其旨趣的"恢宏"，而不必是表达方式的"宏大"。

也就是说，品牌大理想虽然可以承载一个宏大的主张，但落脚点和表现方式却完全可以并可能是小而微的。理想不必只从大处着手，品牌完全可以在自己受众的日常生活中体现大理想。

比如，IBM 的"智慧城市"无疑是个宏大的概念，但它在法国却以一种非常务实、亲民的方式得到了传达。它把户外广告牌做成雨篷、座椅或无障碍阶梯的形式，将"智慧城市"落实到生活中的点滴之处。

第二，品牌理想的建设过程。

品牌理想虽然是由品牌表述的，但并不意味着是品牌单方面提出的"官方"主张。至少，它的内涵应该是品牌和目标受众共识的凝聚，在某种程度上可以说是品牌与受众共建的。就好比中国梦，如果没有老百姓具体而微的梦的融入，就成了高高在上遥不可及的梦，无论这个梦多大，都跟我们没有关系，而且越大离我们越远。

除了内涵上的共识，品牌如果能在品牌理想的提出和表达过程中，以真诚、分享、透明的方式建立与消费者的关系，使品牌理想成为双方的共同产出，无疑将拥有真正与消费者互动的空间。品牌理想不能是自上而下的纯布道、纯喇叭式广播，"理想虽大，对话要微"。在消费者的必经之路上等着他们，邀请和吸引他们参与及互动非常重要。

互联网让品牌有了与消费者直接建立关系的能力与渠道，品牌理想的共建成为可能。共建要从可能成为现实，首先，应该包含对受众的关注、倾听、分享、互动，所以需要可以在微观层面对话和参与的平台。

其次，这种平台的参与门槛要低，否则共建就可能沦为形式，成为"伪对话"。

最后，要记住对话的对象是个体，不是群体。过去，我们认为的受众都是或大或小的群体，但是现在，这些可以被直接"选取""发送"的"群"越来越变成想象中的了，尤其是在真正的对话中。如果有群，那也是个体的长尾自然聚合出来的。所以，对受众个体的关注也许是我们的新挑战。当然，个体之间肯定是有共性的。价值取向上的共性是大理想生存的基础，信息消费和对话习性上的共性是我们找到成本最低的沟通渠道的基础。其前提是我们对这两方面的共性都足够了解。

第三，品牌大理想对普遍适用的价值观和"进步的意志"的体现。有愿景的品牌能以自己的观念影响消费文化，而不只是由当下流行的消费文化来影响品牌的价值选择。

比如，在当代消费文化中，与他人进行竞争、要拥有他人拥有的东西，如对职位的竞争、对美女的竞争等，是很多广告的主题。这在潜移默化间将个人与他人的关系对立，并不是我们所崇尚的方向。我们如何能将广告、消费文化、品牌建设，与进步的社会意识和价值观相联系，以对社会产生正面影响呢？一种可能的模式就是尽量减少和他者比较的元素，而更多地指向内心，强调自我实现，而不是超过他人。

再比如，在当今中国消费文化的建构中，女性越来越多地被物化、他者化，被塑造为"可以获得的战利品"。品牌在回应普罗大众基本的性别观念的同时，有没有可能塑造出更加积极的女性形象，减少把女性物化、他者化的传播诉求？多芬的"真美行动"倡导女性认识自己的原生美，就是在这个方向上的一次不错的尝试。

总而言之，品牌要想在今日纷乱的品牌丛林中一枝独秀，必须有精神上的感召力，必须以自己对价值、理想的追求，汇聚同道者共同行动。而要发现、拥有并表达这种理想和价值观，品牌需要结

合自身特质，回应社会议题。在消费文化大潮中发现社会文化张力
之所在，就是一道绕不过去的坎儿。

最后，我想说的是，我们在这样一个缺乏理想的时代倡导品牌
大理想，从某种意义上说，也是对当下中国社会文化张力的回应。

（本文为奥美与中国人民大学新闻学院曾共同发布的研究
报告《消费文化与品牌理想》荐读文章，采用、归纳了报告中
的部分观点。）

大有为品牌的为与不为
——从社会议题表态上探讨

许愈珮
奥美台湾策略规划总监

近两年,营销圈里比较流行的专业术语有 Purpose brands(目标品牌)、Do brands(做品牌)、Authentic brands(正真品牌),业界专家不断要求品牌除了要有大理想,更要"起而行",用行动为世界带来实质的价值,这样才能让每天处于信息过剩状态的消费者买单。但对于立志"有为"的品牌,什么事情是知其可为而为、知其可为而不为,是一个经营现实面上无法逃避的选择题。进一步说,品牌在努力贯彻大理想时,是否该在社会议题上表态,运用品牌的影响力推动社会进步呢?

也许有人会怀疑品牌在社会议题上表态的必要性,甚至认为这是多此一举。但根据英国网络调查公司 YouGov 在 2017 年 1 月针对 1153 名美国成人的调查,49% 的 18~34 岁的人支持品牌在社会议题上公开表态,59% 的民众表示将会因为不认同品牌的立场而拒买该产品及服务。另外，勤业众信在 2017 年对全球 30 个国家和地区、7900 名千禧一代所做的调查发现，超过 74% 的人认为跨国企业将会在解决世界当前所面临的经济、环境及社会相关问题时扮演重要角色。由此看来，千禧一代在成为全球消费市场的主力时，将更加重视品牌在社会正向发展中的贡献度，消费者迫使品牌在社会议题上公开表态将成为理所当然。

为了迎合千禧一代对品牌的新要求，一些自许能带动流行文化的国际品牌，在过去这"处处充满惊喜"的数年中，借势在争议性的议题上挺身而出，大声表态，期待借此提高品牌的偏好度与忠诚度。可惜效果不如预期：少数品牌赢得掌声，多数品牌弄巧成拙，"赔了夫人又折兵"。

爱彼迎是 2017 年少数对社会议题表态的成功品牌之一。在 2017 年 2 月美国"超级杯"的天价广告时段，爱彼迎播出了以"越多接纳，世界越美"为主题、提倡多元的广告，这无疑是针对当时特朗普签署的禁止所有难民和七个以穆斯林为主的国家的移民入境美国的行政命令，强烈表达抗议立场。同时，爱彼迎联合创始人兼首席执行官布莱恩·切斯基（Brian Chesky）也许下承诺，将在未来五年内为因战乱、天灾而无家可归的难民提供 10 万个临时住宿，并给国际援救委员会捐赠 400 万美元。这一部在三天内紧急制作完成的 30 秒影片，打败众多大制作成本的广告，成为当年美国"超级杯"中最多人在推特转发分享的广告。对于爱彼迎而言，成功地在社会议题上发声，除了增加旅客好感、提高住宿使用率外，更为品牌建立了更坚强的保护。在传出房东因种族歧视拒租给有色人种的负面消息、出现品牌危机时，爱彼迎建立的良好形象将会让旅客愿意相信企业会提供令人放心的处理方式。

反观近来业绩持续下滑的百事可乐，可能是 2017 年弄巧成拙品牌中最大的输家。在美国人心惶惶、不知该何去何从的社会氛围下，百事可乐在 2017 年 4 月推出电视广告，请来了家喻户晓的真人秀名人、模特儿肯达尔·詹娜（Kendall Jenner）。剧情设定在一场主张种族平权、世界和平的游行中，女主角走到队伍最前方，递给呈现紧张对立状态的警察一罐可乐，最后所有游行的人，不分肤色、男女一起狂欢，影片结束。令人不解的内容加上近似"黑人的命也是命"（Black Lives Matter）的游行场景，让这则广告播出后立即触动美国种族议题的敏感神经，在社交及新闻媒体上受到一面倒的负评与声讨。在强大的舆论压力下，百事公司在上线不到一天就撤下影片，并对造成观众不悦而公开道歉。很难想象，一个长年提倡文化融合、种族多元化的品牌，在一个"自以为对"的时机点，提出了看似政治正确的世人团结、世界和平的诉求，结果却如此惨淡。这不禁让人思考：在以社交平台的民意为判断基准的时代，品牌该选择勇敢表态，还是降低风险、默默做好自己的事即可？下述五点，或许能为面临抉择的品牌，提供自处与自保的基本准则。

与时俱进，还是墨守成规？

品牌在选择该不该表态、该就何种社会议题表态前，不妨首先检视既有的品牌价值观与承诺，看看其是否还适用于当前的社会氛围。品牌承诺是否还能引起消费者的共鸣？从公司经营到产品制造，甚至是销售点、应对消费者的态度，是否符合品牌诉求？消费者如何看待品牌？这些问题，都是在评估品牌现状是否能跟上时代脚步。唯有诚实的自省，才能确认自己是否拥有足够的品牌力表态，进而对社会产生影响力，同时也降低在表态后被网友踢爆的风险。

真心诉求，还是追求流行？

值此社交媒体兴起之时，品牌不分昼夜地追求时事热点，迎合民意走向，并试图博取消费者好感与点赞数。然而在社会议题上，品牌必须摒弃"炒热点"的投机心态，采取更谨慎的态度，审视"表态的立场"是否与品牌诉求与价值观契合，这样才能有效达成表态的营销目的，避免品牌在消费者前有人格分裂、墙头草的形象。毕竟消费者看久了也多少明白，大多数品牌在社会议题上倾向于哗众取宠，这些"昙花一现的表态"对他们而言是毫无意义的。

关注参与，还是为了自嗨？

在民意如流水的时代，品牌更要了解民心，掌握公众对于各种社会议题的态度与看法。在瞬息万变的环境中，消费者对议题的态度将因重大社会事件或流行文化影响，在短时间内逆转。品牌在选择表态时要考虑到，消费者对议题的关心度及有感度，例如急迫感、无力感等，也是重要指标。品牌若能适时发力在民众当下担忧与不安的议题上，引发更多人的关注与参与，势必将会成为一个深得人心的品牌。

具体行动，还是说说而已？

唯有以具体的行动佐证主张的立场，品牌才能取信于消费者。美国奥迪汽车在 2017 年"超级杯"期间，推出了诉求"支持性别薪资平等"的广告，引发民众的两极化反应。给出负面评价的一方除了抨击广告文案贬低女性的价值，更在网上搜寻后发现，美国奥迪的 14 位高级主管中，仅有 2 位是女性，因而认为奥迪在经营上是说一套做一套，没资格谈性别薪资平等。因此，选择表态固然对品牌是一件好事，但少了具体行动支持立场时，反而会带来不必要的信任危机。

天长地久，还是稍纵即逝？

品牌就像一个人，对于社会议题的看法还会有反复，就算遭受风雨，也得立场坚定，只有长时间经营累积，才能让品牌真正拥有在社会议题上的发言权。多芬在性别议题上，打破了社会对于美丽的刻板印象，除了每年发人省思的传播，更在10年前开始在世界各地的学校开展帮助女孩增加自信的活动课程。经年累月，消费者能毫无疑虑地相信多芬在女性平权议题上的立场，并以消费表示支持。同样的思维，也显现在重视人与文化的星巴克咖啡上。星巴克长期重视员工的福利与发展，自2014年与亚利桑那州立大学合作，以人性化的辅导机制与减免学费的方式鼓励员工上大学。星巴克在移民政策上的立场也十分鲜明，在特朗普下达旅游禁令时，星巴克立刻公开承诺：将在未来五年聘用50000名难民为员工。此举虽然遭受拥护特朗普的民众的抗议抵制，但深信企业有推动社会进步责任的前首席执行官霍华德·舒尔茨（Howard Schultz）仍选择坚持立场，贯彻品牌长久以来的信念与价值观。

在"品牌大有为"的时代，品牌的影响力不仅反映在销售上，更应该反映在对社会的正面影响力上。对于企业而言，品牌是否要在社会议题上表态，不该仅仅是一个吸引千禧一代的传播操作选项，更应该是一个要以实际行动带给社会正向力量的企业作为思考原点的长期课题。品牌唯有经过深思熟虑的事前规划，以及有为所选择的社会议题长期奋斗的决心，才能借此感动众人，成为一个真正大有为的品牌。

请对意识形态
有意识

丁捷
奥美北京策略副总裁

从文化张力到意识形态机遇

从 2015 年接触品牌大理想工具开始，我听了不少前辈的非官方演绎，也看了英文原版的白皮书，还是不太得其法。后来，我去伦敦的 WPP 参加一个活动，被推荐了《文化战略：以创新的意识形态构建独特的文化品牌》一书。据说（无从考证），作者道格拉斯·霍尔特是参与研发品牌大理想工具的提出者之一，看完此书将更好地理解大理想之妙，我阅后确实大有启发。

作者提出今天多数品牌的一个致命问题：品牌创新不仅局限于具体的产品细节、真正的突破性创新，还必须在发现由社会和历史变迁引起的意识形态机遇的基础上进行。

品牌创新的战略模式被解构为 6 大阶段框架：

第一阶段，描绘文化正统；

第二阶段，辨识文化张力；

第三阶段，发掘意识形态机遇；

第四阶段，采集原始文化素材；

第五阶段，选取文化战术；

第六阶段，构建文化战略。

这其中最重要的两个阶段是第二阶段和第三阶段，为品牌发现文化张力并探索意识形态机遇。这些机遇通常归为 4 大意识形态因素的影响：

第一，人口和信仰变化导致的张力；

第二，经济和阶层变化导致的张力；

第三，社会运动导致的张力；

第四，科技革命的张力。

显而易见，文化张力是意识形态机遇的源泉，可到底什么是意识形态呢？

在谈论意识形态时，我们都谈论什么

意识形态（Ideology），作为一个概念是在 19 世纪初，由哲学家德·特拉西首先提出来的，试图为一切观念的产生提供一个真正科学的哲学基础。意识形态是由各种具体的意识形成的政治思想、法律思想、经济思想、社会思想、教育、艺术、伦理、道德、宗教、哲学、文化等构成的有机思想体系。

简而言之，意识形态就是三观：世界观、人生观和价值观。特定时代下的主流意识形态应当指引整个社会的前进，应当是社会潮流的风向标。

在前文框架提到的4大张力中，阶层变化导致的张力对意识形态的影响尤为深刻。卢梭在《社会契约论》中说：人是生而自由的，但无往而不在枷锁之中。

纵观历史，人之所以会被统治，表面上看是因为权力，但更深层的原因是知识、文化和意识形态。处于一种意识形态中的人，会产生一种思维定式，将其视为无须证明的"真理"极力拥护，进而失去反思能力。

19世纪的欧洲，各种主义和社会反思百花齐放。其中，马克思主义正是运用了阶层张力，建立了辩证唯物主义的意识形态：（1）群众创造历史的唯物史世界观；（2）没有剥削压迫、人人自由平等的人生观；（3）集体利益高于个人利益的价值观。

意识形态源于生活，高于生活

意识形态只是看上去高冷，其实每个人每天的生活中都有各种大小不一的意识形态，它们一直都存在，而且常常被提及，但我们却通常对此毫无意识。下面，分别从政治、文化、经济层面举三个例子。

政治：十九大

自 20 世纪 80 年代后期以来，中国面临的社会张力主要体现在三个方面：

第一，贫富分化造成的阶层张力；

第二，腐败问题造成的政治张力；

第三，价值观和民族精神缺失的信仰张力。

面对这三大张力，在党的十九大报告中，习近平总书记明确提出："必须坚持马克思主义，牢固树立共产主义远大理想和中国特色社会主义共同理想，培育和践行社会主义核心价值观，不断增强意识形态领域主导权和话语权。"

随着"伟大复兴"和"中美贸易摩擦"这样的国运思潮袭来，越来越多的中国企业都在思考如何借上"民族品牌"的意识形态东风，一个"莫谈国是"的品牌往往很难获得广泛成功。

文化：《绿皮书》和《泰坦尼克号》

2019 年，奥斯卡大火的《绿皮书》中几乎所有的戏剧冲突都来源于横跨在种族、阶层、文化之上的意识形态张力，这种利用张力冲着奥斯卡奖项而去的成功模式，好莱坞早就驾轻就熟了，当年《泰坦尼克号》更是意识形态的翘楚。我们不妨看看哲学网红鬼才齐泽克在《变态者意识形态指南》中的"变态言论"：这是近年来好莱坞意识形态最重要的一个实例，原因在于那威胁着影片故事的迫在眉睫的张力，被人们讽刺地称为"卡梅隆的好莱坞马克思主义"：对下等阶层荒谬的同情。头等舱乘客大多是邪恶、自负、懦弱的，这体现在露丝的未婚夫身上，而整体的叙事通过一个更为保守的"神话"来延续。私奔将是真正的灾难，可以想象，也许在纽约经过两三周的激情后，爱情会莫名消失。露丝是一个上等阶层的女孩，处于精神困惑中，她的自我意识是破碎的，杰克的作用就是帮她重建自我。

实际上，这是一个老旧的帝国主义神话的新版本：当上等阶层失去活力时，他们就需要跟下等阶层进行接触，像吸血鬼一样无情地利用他们，从他们身上吸走能量从而恢复元气。我们可以看到意识形态的有效运作，它为我们打开一个认知的入口，富人试图通过无情地占有穷人的生命力以获得新生。

经济：996

2019 年 4 月开始，"996"作为一股浪潮，从互联网行业正式蔓延，成为社会价值观的大讨论。

"996"意识形态的逻辑说辞无非两种：第一，在市场经济下，人是自由的，不想干可以辞职，没人强迫你签合同，一切都是你自愿选择的；第二，个人奋斗才有美好未来，现在不拼命，将来就后悔。

这种硬核洗脑鸡汤，把"996 = 努力奋斗 = 自我实现"这一条逻辑紧密地连在一起，高明至极又如此荒诞。

996.icu 的出现，让人们开始觉醒，整个舆论在导向"996"、《劳动法》和人生意义的撕裂中越来越失控。

对意识形态有意识，是提升品牌力的必需品

人不是生活在真空里，而是生活在社会中的。我们必须面对无处不在、无时不有的意识形态。既然躲不开，就最好对其有意识和有认知。每家企业也一样，要想提升自身的品牌影响力，就要理解所处环境的意识形态并对其加以善用。

从哲学层面来看：存在决定意识，意识对存在有反作用。

对任何品牌而言，不能只关注自身业务、产品、服务的"存在"，只纠缠于如何做好产品、做好宣传、做好渠道。在洞悉世界大势的前提下，敏锐地把握诸多稍纵即逝的意识形态机遇，科学地判断在一定的社会语境下的文化张力，才是制定出提升品牌进入更高境界的战略必由之路。

国王培训班
和品牌大理想

吉霄雯
奥美深圳副总裁

战国时期有两位先哲，一位信奉"性本善"，宣传"仁政"和"王道"；一位信奉"性本恶"，坚持"法制"和"霸道"，并推广"两面三刀"的上下内外管理思路。两位都致力于用自己的哲学观念游说各国国君，用今天的话说，办起了"国王培训班"。你猜，最后谁的"培训班"市场占有率高？对，当然是后者，这个后者是韩非子。你再猜，这两位，谁的思想流传深远且广负盛名？那当然是前者，这个前者是孟子。

在当时的局势下，孟子的"培训班"，实在让国君们心怀顾虑。他去到魏国，面见"太子虏""上将死""国以空虚"的梁惠王，梁惠王着急要扭转形势，迫切需要有个人跟他聊聊如何破局，孟子却坚持他的"仁政"培训，避谈战争，结果真是话不投机。

我们如今面对的客户，有不少的"梁惠王"。销售压力、股东期待、友商暗箭、顾客流失，当他找到你，你有啥妙方？不经意地，我们的脑子晃过这些解法：品牌更新？品牌声誉管理？品牌运动？我们习惯从品牌力切入去应对企业出现的一些问题，更具体来说，会应用"品牌大理想"和"OS"（操作系统）作为部分方案架构。这让"梁惠王"们总是迟疑不决，觉得都对，又都不对。

所以，我们有必要思考清楚"品牌（大理想）"的价值和适用性。

今天我们谈"品牌（大理想）"，经常面临两种对话情景。一种来自客户，他们明确提出需要进行"品牌打造"，但你进一步了解会发现，他们是希望在"品牌打造"这个命题下达到这些目的：扩大市场份额，用户重复购买，给松散的各种传播找个能统合的框架，有套说辞介绍自己，挽救危机受损形象……另一种来自我们的引导，客户不知道如何归纳问题，只能描述困境，我们习惯从"品牌打造"的命题回应，给个解决方向。

于是，问题来了。

第一，我们口中的"品牌（大理想）"是目的还是工具？

当陈述"品牌"时，我们愿意把"品牌"和"大理想"联系在一起。理想是什么？百度词条解释，理想是"对某事物臻于最完善境界的观念，是人们对未来社会和自身发展的向往与追求"。面对如此一方净土和憧憬，何况我们又在前面加了个"大"字，那基本要反映人类的终极理想了：爱、正义、自由、平等……我们诉求的

"品牌大理想"，正是希望企业——这个追求商业利益的组织代表，心怀品牌意识，以商业行为助力实现人类共同的价值追求。

这里，我们更倾向于把打造品牌看作目的，而且这个目的是长远的，不会一蹴而就，也不是当下的一锤子买卖。

但其实，客户关心的是当下问题的破解。如果这样，我们所谓的品牌理想，就要阶段性作为工具存在。它应该剑指如何实现用户重复购买、危机挽救、份额扩大、股东信心的强化……所以这里的解决之道，不能只落在"大理想"的概念层次以及对应创意上，更应该落到个体问题的疏导上。要说服梁惠王行"仁政"，就要落地"仁政"对"领土扩展""兼并有效"的可行性指引。

第二，我们口中的"品牌（大理想）"是破解商业困局的万能良药，还是生意理解能力欠缺的托词？

在办"国王培训班"方面，韩非子比孟子成功，《韩非子》就是"培训班"的教科书。他认为：讲王道那是在商周，战国说"王道"和"仁政"都没用，不光没用，还误国。韩非子这么想，一点儿都不奇怪，因为他认识到战国中后期，诸侯兼并，时局动荡，比"灭国三十六""亡国五十二"的春秋时期更为残酷，功利主义和实用主义才是主旋律。他建议君主实行"霸道"，还推崇他们要去"横行霸道"。用今天的眼光看，这种观点虽然值得探讨，但这是他对生意局面的理解。同样理解这事儿的，还有商鞅、吴起和孙膑。于是，受益于这几位"培训"的国家，富国强兵，称霸称王。

　　处于当今本土商业环境中的企业，特别是那些处于初创和生存期的企业，真正致力于品牌建设的很少，甚至很多企业没有必要去做品牌。因为大家的商业目标主要是生存，更赤裸的现实是，没几家真正考虑去做百年企业，也许更多的只是希望 3~5 年持续赢利，可以顺利上市或者被收购；也许只是半年的规模扩张或流量吸引，顺利拿到第 n 轮风投。在这种情况下，要说服企业去持之以恒地做"品牌"，无异于隔靴搔痒。

　　既然如此，品牌大理想在这个时代还有存在必要吗？唔，在今天的企业培训中，"梁惠王"们还真得必修这门课。为什么？别忘了，虽然孟子当时游说不成功，但汉武帝后，历代统治者都在兼用儒法，更具体地说是外儒内法，而且经后世相传，孟子比韩非子的江湖名气大多了。所以有些事，你可以不做，可以觉得没用，但心里得明白是非曲直：知道什么是"圣王"，什么是"霸主"；什么有长远价值，"应该"去做；什么是短期追求，"能够"去做。实用主义求生存，理想主义向美好。

　　商业社会越发达，品牌理想越迫切。恩格斯说，"文明的帷幕只能由最卑下的利益和最卑鄙的手段来揭开"。商业社会是揭开文明帷幕的舞台，也是人类社会历史进程的必经一环，我们享受它带来的便利，也承担它带来的恶果。历史告诉我们，发展和美好从来都不是一回事。美国在进步主义时期寻求改革，那是因为"经济利益高于一切"的使命完成了农业化向工业化的转变，也带来了严峻的社会阶级矛盾。中国改革开放 40 年，成功推助一批企业上市，但伴随扭曲价值观畸形发展起来的某些厂商，从长生生物到红黄蓝，企业信誉碎成令人不堪的一地鸡毛。

既然品牌理想有必要性，那我们如何在更广阔的层面，恰当地找到它的适用性？

目标企业："仓廪实而知礼节，衣食足而知荣辱"，步入成熟发展期的企业更容易认同品牌理想。

回头看很多道理，我们就会发现古人的智慧之光在闪烁。春秋时期管仲说的这句话，基于这样的洞察：人啊，基本果腹、熬过生存之后，才有知礼求好的心思。同理，在品牌理想的诉求上，发展中企业比生存期企业的自觉性更强烈。尤其是对一批走向海外的成熟的中国企业来说，国际舞台上的比拼，可不止单纯的技术和产品之争，品牌"自信"是它们更急于建设的，此时它们跟你谈论的"品牌打造"是相对纯正的，目的性强于工具性。

思考层次：看"品牌"是一种思维结构，而不落于固定的服务交付。

今天一提到"品牌"，我们往往落在一些可视化的具体交付上：品牌规范手册、视觉指导书、KV（主视觉海报）、TVC（广告片）、品牌战役设计……然而如前文所述，面对生存期企业，不妨把"品牌"变成一种意识自觉，它可以渗透在产品品牌、服务品牌、技术品牌、个人品牌等多个层次。带着这种意识去看企业的运营，品牌四处皆可立。"充电 5 分钟，通话 2 小时"突出了 OPPO 的产品品牌，"服务好"（虽然没有明确的一句话）是海底捞的服务品牌，"不卖隔夜肉"是"钱大妈"卖肉平台的营销品牌，这些不同于"因爱而生"（强生）、"Just do it"（只管去做，耐克）、"Life's Good"（生活更美好，LG）这些诉诸人类大理想的品牌表述，却都抓住了"自我优势"和"外界（不同层面）张力"的交集。

作业解法：心怀大格局，操作小问题。

也许在你跟客户笑谈品牌时，他告诉你：我不需要做品牌，只想知道如何"卖得好""打败对手""拿到风投""规模扩张"……你笑着耐心引导："现在可以不做，但不等于不想做，你的品牌倾向什么？坚持什么？"这些思考为你的当下及未来行动找到一个根基，恰恰源于这样一个根基，你才为"卖得好"的营销部署、"打败对手"的竞争策略、"规模扩张"的兼并行为，找到一个一致且合理的根据。比如：遭受竞品网络水军的恶意攻击，你是水军翻倍、以牙还牙，还是自卫式攻击、澄清事实、揭示对方意图？你的对手在电商大战中联手经销商故意囤货，并大搞低价厮杀，你是变本加厉、咬牙拼低，还是尊重技术、联合生态、提高产品性价比？很多刹那间的抉择，都源于你脑子里对品牌和企业的自我认知。这里的认知哪怕模糊，也有善恶美丑，它到底是什么？要心怀大格局去看待这些日常操作。

越是发达的商品经济，越是功利主义和实用主义当道，这是时代特点，也是环境使然，但这种环境滋生的企业，更需要品牌理想的微光指引。我们必须坚持什么？我们应当追求什么？前者是行为的底线，此下沉沦不堪，再退则死路一条；后者是向善美好，此上天高地阔，更进则生机勃勃。只是在引荐这份"理想"时，需要在理解生意局势的前提下，找准企业对象，灵活品牌意识，持续建议引导。最后，希望你所遇到的"梁惠王"，心怀"品牌理想"，冲战商场。

中国如何在
全球化过程中讲述更动人的故事

奥美前全球董事长杨名皓（Miles Young）先生于 2016 年 4 月面向国务院新闻办公室官员的演讲（节选）

杨名皓
牛津大学新学院院长

所谓品牌，即艺术与科学的融合。作为一名品牌从业人士，我希望从神经科学的角度与各位分享一些依据。在此过程中，我将把中国当作一个品牌、一个新闻和传媒领域的热点话题，而这两个领域的重合之处则是我们共同的关注点。本文的主题是：中国如何在全球化过程中讲述更动人的故事？

什么是"软实力"

我认为这与软实力的概念紧密相关。

"软实力"一词十分精辟，早在 20 世纪 90 年代初便由约瑟夫·奈教授首先创造，其与现实的相关性仍方兴未艾：事实上，美国近期的外交政策和中国等新兴势力的崛起都为奈教授的理论注入了鲜活的生命力。

奈的观点从本质而言表述如下："实力是影响他人的行为以取得自己想要的结果的能力"，而且，"可以通过若干种方式影响他人的行动，比如威吓、利诱、吸引其成为盟友"。

其中，最后一种方式意味着软实力——赢得他人的好感，影响他们的行为并使其发生改变。奈教授并不赞同完全摒弃前面两种方式，若使用得当并与最后一种方式结合，将产生"智慧实力"。

奈教授把三种实力与"行为"、"主要货币"和"政府政策"列表比较，可以看出赢得好感和议程设置是软实力的期望结果，但实现这一结果的手段则涵盖从价值观到文化、政策，乃至机构体系本身。一般而言，政府介入的方式是传统意义上的外交，包括政府间和政府对民间，后者被称为"公共外交"，然而关于政府的确切职能仍有模糊之处。因此，软实力的定义有时被扩展至经济动因——例如西方对中国崛起的分析；此外，软实力不过是策略选择中"不成文"的套路，此类暗示仍不时存在。但实际上，其构成要素描述了复杂程度远高于此的一系列前提，政府扮演着各种微妙的角色创造这些前提，但在更多情况下仅仅是刺激，或是被动允许这些前提产生，将部分功劳归于自己。一个不争的事实是：软实力并非简单的工具箱，可以在国家利益的角逐中将其收入囊中。

当然，奈教授曾是负责国防事务的美国助理国务卿，他从地缘政治博弈的角度发表上述观点，其对软实力的倡导也出于对美国应当采取更细致灵活、富于同情心的外交政策的主张。然而在软实力，即整体考虑一个国家的品牌形象本质以及如何促成和维护软实力的讨论之外，奈教授使用的传统软实力评估体制，例如皮尤全球态度调查项目，倾向于将评估对象设置得过于狭义或过于宽泛，前者如"喜欢美国音乐、电影、电视节目"，后者如"总体好感"。但哪些因素构成了"总体好感"，是如何构成的？

奈教授及其门下弟子从未声称自己是品牌领域的权威专家。然而从品牌思维层面而言，存在一些更复杂巧妙的方式对一个国家的软实力进行评估。

国家品牌与软实力的关系

国家和品牌一样，是全部软实力和硬实力因素所构成关系的集合体。

我们可以采用消费者调查与经济数据结合的方式，确定一个国家的品牌对经济的影响。其中一个例子是《最佳国家报告》，这项报告在 2016 年早些时候由我们的 WPP 集团合作伙伴 BAV

Consulting 与《美国新闻与世界报道》和沃顿商学院共同完成。研究首次试图将国家品牌资产与经济影响的三个主要领域——GDP（国内生产总值）、旅行花费和外国直接投资——相联系。明显地，国家品牌资产与这三个领域均联系紧密，特别是与 GDP，关联度达62%。

让我们挖掘数据背后的意义。我们可以看到八个影响国家品牌的因素。《最佳国家报告》将国家品牌归为八个方面的能力：创新与企业家精神、生活质量、全球公民、文化影响力、利于创业、冒险性和美丽景色、实力和影响力、价值观和遗产。这八项能力共同构成了国家品牌资产，我们可以从中看到上述八项能力在整体国家品牌资产中的占比情况。

全球公民、生活质量、创新与企业家精神在国家品牌对 GDP 的影响中各占 19%，文化影响力略低，排在第 4 位，占 14%。

如果我们从另一个角度，即"软实力 vs. 硬实力"的角度来分析，则软实力占国家品牌价值的 60%，硬实力仅占 8%（另外 32%无法明确分类）。

从八大能力的评比来看，中国在前六项都未进入前十。由于前四项在国家品牌价值中占到 76%，在这些方面提升中国的品牌对经济可能产生最为明显的影响。

中国的最强实力体现在"实力和影响力"——整体排在第三位，排名进入前十的另一项是"价值观和遗产"（排名第十位）。虽然"实力和影响力"排名第三堪称伟绩，但这一项在国家品牌中仅占8%的权重。

下面，我简单介绍一下排名靠前的国家的情况。

德国在排行榜上独占鳌头，2016年中国排在第17位。在深入分析中国之前，我们先看一下位列前四名的国家在8项能力上表现如何。

德国在最重要的四个类别（全球公民、文化影响力、创新与企业家精神和生活质量）上均排名前十位。

排在第二的加拿大的表现惊艳，在四个最重要的类别中几乎与德国不相上下。虽然加拿大在和权力相关的方面的排名仅为第11位，但最终仍然位居第二位。这很清晰地显示出从以硬实力说话、"银行和坦克"为王的世界向更加依靠软实力的世界过渡的趋势，这一结果也得到调查支持。

英国的不俗表现令人惊叹，其排名高居前列的原因在于从全球总体范例中得到较高的平均分。

美国的表现也十分强劲，在文化影响力和创新与企业家精神上尤其显著。值得注意的是，这个排行榜上的主要驱动因素并非全球实力排名第一，而是在全球公民和创新与企业家精神排名中位列第三。

下面，我们来看一下中国的表现如何。

我们在这里看到，中国在与经济影响相关性最强的类别排名不甚理想。让我们深度观察其中两点。

一个是"生活质量"。在这里，我们可以看到中国在一些领域需要提升，包括安全、家庭友好、公共卫生体系和收入不平等。

我们看一下第二个需要提升排名的领域：文化影响力。我们看到中国在幸福、时尚和威信等细分项目上仍有提升空间。

那么，中国在这两个类别中排名不甚理想的原因是什么呢？

首先，外界对中国的理解还远远不够。这一点甚至不需市场调研佐证——虽然此类调研结果确实存在。作为国际商务人士，相信我个人的观察就足够有力，外国对中国人的生活、中国人和当代中国面临的挑战缺乏基本认识，这常常使我惊讶。我讲的还是"高知群体"，可以想象普通人的认识缺乏程度更加严重。

其次，中国的崛起令人惊叹，但也常常令外界恐惧。恐惧不一定需要理由。当然，未知的事物常常令人惧怕，而迅速崛起的事物也常常导致恐慌。一些极端人士利用这些恐惧将中国"妖魔化"，中国学者此前也描述过这一现象。在可靠性等项目上的较低得分也反映了人们普遍存在一种强烈预感，虽然其表现方式显得很冷静，但仍不可掉以轻心。外界的无知和畏惧威胁着中国的世界地位。

下面，让我们回到品牌，因为它能启发我们清除这两个恶魔所必需的思维。

什么是品牌？

品牌是硬属性和软特征的结合。品牌包含理性和感性元素，其中理性元素很容易定义和展现，而品牌柔软和感性的一面——品牌激发的感觉——其创建和管理难度都非常高。

通常，我们对品牌的定义是品牌代表了一种关系——产品或国家与受众之间的关系。归根到底，支撑这些关系的是爱！但对于本质上受理性驱使的政府，爱是一个难以把握的概念。

神经科学的进展在此处意义重大。从 20 世纪 90 年代至今，神经科学频频取得重大突破，主要的推广者当属达马西奥夫妇。

他们研究了神经科学的"零号病例"——铁路工人盖奇。1848年，这名工人意外引发了一起爆炸，导致一根钢管从左眼下方穿透头顶。

他幸运地存活了下来，钢管从头部取出，一部分大脑被切除。但盖奇像是变了一个人，从当时的描述来看，他似乎失去了全部情商，之前和善的他变得粗暴蛮横。令人惊叹的是，达马西奥根据他剩余的头盖骨用 3D 软件对他的大脑进行重建并且确定了缺失的部分，从而证明了做出决定的"神经机器"不仅听命于大脑的理性部分，也同样受感性部分驱使。并不是所有学生都知道这个故事，但这点知识必不可少——因为这解释了人类并不仅仅是理性动物。

他们继续研究，用 MRI（核磁共振成像）探索大脑的各个区域：确定了大脑边缘系统的各个功能，特别是控制做决定时情感输入因素的杏仁核，以及负责理性思辨的前额叶皮质。达马西奥在《笛卡儿的谬误》（Descartes' Error）一书中解开了这个谜团。

笛卡儿提出的"我思故我在"是不折不扣的谬误。正确的说法应当是"我感故我在"，或者引用达马西奥的话："我们不是思考机器，而是会思考的感觉机器。"

神经科学让我们明白为何在偏见面前理清真相如此困难——确实存在关于中国的偏见。

改变人的想法，说服他们自我反思，几乎不可能。无处不在的信息本应将证据大白于天下，从而解决一切争端，但事实却恰恰相反。事实使人们趋于两极分化，而不是在顿悟中和谐共生。早在 4 个世纪前，英国哲学家弗朗西斯·培根便撰文论证了这一点：

"人类的思维一旦接受了某个观点（无论出于公认或是合乎己意），便将其他一切事物作为其支持和佐证，即使反面论据在数量和权重上远远超出，人们或以无视和鄙薄待之，或是根据某个标准将其搁置和排斥。如此，这一力量巨大、有害无益的先决论便使之前的结论固若金汤、不容侵犯。"

1979 年，心理学教授、作家查尔斯·G. 罗德试图探究人类是能够克服培根定律，还是永远囿于先入为主的观点桎梏下，丝毫不为强有力的反例所影响。他首先按照"是否认为死刑是遏制犯罪的有效手段"将受试者分为两组，继而向两组受试者分别提供证明死刑有效或无效的研究结果汇总，接下来是更加确凿、更具科学说服力的反向论证。新证据的挑战不仅并未动摇他们最初的想法，反而两组受试者均声称这一论证与符合自己主张的论据相比，可靠性略逊一筹。科学家将这种现象称为"证实偏见"。罗德与其他研究人员据此提出：事实证据"常常使争论火上浇油而不是平息争论"。

证实偏见的研究自此蓬勃开展。人们固执己见，以至于自动过滤掉挑战原有观点的证据，这一点并不令人惊异，然而实验中意外地发现了"反效果"。研究显示，当人们看到可能证明自己观点有误的证据时，他们不仅对证据嗤之以鼻，而且更固执地坚持己见。

埃默里大学心理学和精神医学系主任德鲁·维斯滕用 MRI 对大脑进行扫描，将罗德的实验推进一步。维斯滕请受试者陈述自己的政治观点，并据此将他们分为两组，首先向受试者展示其对立党派候选人在某件事上改变主张、继而展示其支持的候选人改变主张、推翻之前的观点。和罗德的实验结果一致，两组受试者面对可能威胁其固有看法的新证据时仍然坚持己见，认为自己支持的候选人改变主张的做法是英明之举，却对另一位候选人的改弦易辙大加挞伐。维斯滕对这一过程中受试者的大脑活动进行观察，"大脑在理性思考时活跃的区域并未发现任何活动增加的趋势，我们观察到，感性回路变得活跃，包括根据假设用于调节情感和解决冲突的大脑回路"。

任何现代信息策略都需要神经科学的支持——要知道，无法仅仅靠理性赢得争论。我们在商业品牌建设领域对此耳熟能详，世界上成功的全球品牌均建立在感性和理性的基础上。可口可乐以乐观精神为支柱，不仅仅是一款软饮料；耐克也不仅仅是一家运动品牌店，而是表达了"想做就做"的积极心态；美国运通卡的意义也超出信用卡本身，展现出成功阶层的归属感。

打造更动人故事框架的三大支柱

数据显示，中国品牌在国内市场相较于国外品牌十分成功，但在海外市场则战绩平平。原因之一是它们虽然在"显著性"一项上表现不俗，但"差异性"较弱。

差异性是衡量情感偏好的指标，正如我们所知，它使用围绕品牌的故事创造偏好。讲故事是品牌建设的有力武器，而情感则是决定故事精彩或失败的关键。

神经科学再次证实了这一点。

加拿大多伦多约克大学的心理学家雷蒙德·玛尔对人在阅读故事时的大脑模式进行了研究。他发现当我们阅读文字时，大脑会与文字所反映的世界同步——我们在大脑中模拟阅读的内容——聆听、嗅闻、感知甚至模仿动作。他在此后的研究中发现，更热衷于阅读虚构类作品的读者具有更强的共情能力。他提出假设：阅读虚构类作品可以锻炼人将自己代入他人想法和感受的独特能力，从而有助于共情能力的培养。在 2012 全球公关大会——奥美公关所举办的神经科学与叙事专场上，玛尔进一步表示：事实上，富于感染力的故事在改变人们的想法上效果显著，"人们越是进入叙事世界，越是沉浸在故事当中，便越可能改变想法，与叙事世界中表达的主张趋于一致"。

玛尔在其中一项实验中将阅读契诃夫的短篇小说与根据小说情节改写的法庭记录所产生的影响做出对比。玛尔在研究报告中指出："阅读短篇小说的一组受试者表现出比对照组显著得多的个性变化。同时，他们也表示自己在情感上更受打动。这进一步表明，文字激发的情感促成了上述个性变化。"

所有成功的品牌都与激发情感的叙事或故事建立了联系。例如，苹果使人联想起在奥威尔笔下《1984》的世界里，个人与权威和官僚主义的斗争。

在这方面，一句印度谚语常常被引用："向我陈明事实，我会了解；向我揭示真理，我将信服；向我讲述故事，我将永远铭记在心。"

对于中国而言，20世纪见证了一个荡气回肠的故事——长征。然而，两难困局在于：对国内而言，这个故事十分成功，但其在国际上的说服力却未必如此。这并不是说外国人不认同长征，相反，大部分外国人对长征持认同观点。但对于许多仍然受冷战思维影响的人而言，这个故事对现代中国的阐释吸引力有限。我们需要从新的角度讲述这个故事。

有三大支柱能为更动人的故事打造框架。

首先，确定目标受众。我们选择以个体划分，而非以同样方式对待所有受众。一个经典的划分方式是根据受众对自己的好恶程度划分。一端称之为"死忠粉"（例如将某人描述为"亲法者"）；中间是"中立者"，指从未体验过这一品牌，但也没有任何厌恶情绪的人们；而另一端则是"敌对派"，任何品牌都会遭遇一小撮人诋毁。对于一个国家品牌——特别是对中国而言，重要的是避免以对"敌对派"的讨伐为整个关系定下基调，否则便会令人产生咄咄逼人的印象。

其次，措辞技巧。你决定将品牌置于怎样的语境下？例如，在精神卫生领域，"躁郁综合征"被委婉地称为"双向情感障碍"，从而过滤掉了"狂躁"的含义，营造出一种更加"正常"和平衡的感觉。我的前同事亚历克斯·比埃尔曾记述过另外一个例子。

"9·11"事件之后，美国政府推动通过了一项显著削减公民自由权利的立法。然而，将这项立法冠以《爱国者法案》之名，使得支持者拉到足够票数，该法案得以通过。可以理解，立法者中鲜少有人出言反对这项法案所暗示的爱国主义价值观。

最后，理解共情能力的重要性。

在所有品牌关系中，消费者与生产者都是关系的"拥有者"。关系在消费者心目中"生长"，任何使消费者与生产者疏离的因素都将削弱这一关系。对于任何品牌而言，语言和视觉传达是基本工具，且必须存在于听众或读者可以接受的范畴内。这对于品牌中国而言意义重大，许多代表中国的素材因与受众的语言习惯不同而显得格格不入。当然，并非没有例外，中央电视台国际频道的新闻在这一方面进展显著，我们相信东方卫视也将成为领军者。

一些构建更强情感联系的品牌推广手段可以为政府所用，至少可用于鼓励和理解。

有时，中国许多出于好意的行动并未达到目的，或未能赢得认同，这多少令人沮丧，其原因在于文化。

《纽约时报》刊登的一篇文章，报道了一家计划在印度建厂的中国车企与当地社区的矛盾。国际媒体在讲述中国故事时可能条件反射地使用某些特定叙事方式，但没有理由怀疑争论的焦点在于这家车企与印度马哈拉施特拉邦陷入停滞的建厂计划。这家车企选择的厂址被印度教徒视为圣地，开发商和当地社区令人遗憾的文化冲突便可想而知。在这个案例中，很明显，经济层面（硬）的尽职调查顺利完成，而文化层面（软）的尽职调查却有所缺失。

我们都对 IQ（智商）的概念耳熟能详——一个衡量（硬）理性、理智层面智力的指标。我也花了不少篇幅阐述感性层面的衡量指标，也就是情商。下面，我要提出第三种技能，在文化间架起桥梁、投射影响力的能力，我们称之为 CQ（文商）：文化智力。

中国的大学、智库或公司，很多都缺乏对"文商"的培养（西方大多数国家也是如此）。但毫无疑问，"文商"将成为未来成功的先决条件。

这一想法源于一个信念，即：文化并非自然而生，不同群体表现出文化差异，更准确地说，就是不同的先入为主。这些差异影响着我们沟通交流、传达信息和达成一致的能力，因而不可小觑。德国社会科学家吉尔特·霍夫斯塔德是研究这一领域的先驱之一，他的兴趣在于研究不同市场上的购买者行为差异。

霍夫斯塔德模型共包括六个清晰的维度。

下面，我举几个例子，将中国和"一带一路"上的关键合作伙伴相比较。霍夫斯塔德定义的维度之一是"权力距离"，简而言之，社会在多大程度上接受人与人的不平等。

中国在权力距离上得分（80）较高，反映了中国与巴基斯坦（50）等国相比，对社会等级和不平等的容忍度更高。进入巴基斯坦的中国公司与巴基斯坦方谈判时或许需要采取更加民主的方式，在巴企业运营也应比国内更注重平等。

根据霍夫斯塔德的"个人主义"评分，中国社会的集体主义趋势导致其得分（20）低于更加凸显个人主义的印度（48）。

印度社会的个人主义来自其主导宗教/哲学——印度教。印度教徒相信生死轮回，每次重生转世的境况取决于前世的生活。因此，人们需要为自己的生活方式，以及今生对来世的影响负个人责任。印度公司更倾向于对基调更富于"个人主义色彩"的信息做出积极回应。

这些规则并非一成不变，但它们提示了跨境商务和国家间关系存在文化因素，并且很可能随着"一带一路"联系的加深而更具现实意义。若忽略这一点，在这一过程中便可能出现沟通不畅。如果我的观察是正确的，在商学院和其他课程中，这仍是一个需要填补的空白。

"关系"一词的音译也许是英语从中国借来最广为知晓、也最神秘的词语之一。但若探究品牌建设的本质，你会发现其核心在于管理与不同利益相关者的关系。因此，明确和管理好"关系"是发展和维护可持续市场生态的关键。奥美常应客户之邀，帮助他们以图表方式确定有影响力者。

但我们可以深入一步，从另一个角度做个类比。实施房地产开发项目时，按照惯例应当进行环境影响评估，向开发商提示所有潜在的问题和风险，并约束开发商，促使其采取避免或减缓措施。

我认为，开展类似文化影响评估的活动，仔细察明文化风险将大有裨益——无论这些风险来自社区、政府、政党、劳工、宗教或出于和当地价值观及信仰体系的冲突。

这是文化在架设桥梁、投射影响力方面的预防性应用，但前瞻性应用的机会也并不鲜见。我给大家举三个例子。

首先是"全民耍酷"。

这里用日本确立其品牌形象的方式做一个类比。二三十年前，日本也曾经饱受全球恐惧感的影响，这里指的是除中国外的全球其他地方。然而，助其走出这一困境的并非公共外交，而是营造鼓励创新的先决条件。日本的创新从科技界的创新延伸到最广义的创意。道格拉斯·格雷曾自创了一个精辟的新词"国民扮酷总值"来描述这一现象，提出其重要性在某种意义上并不亚于日本的国民生产总值，并将日本的影响表述为"超级大国的文化影响范围"。皮卡丘和"啪嗒啪嗒"便是"酷"出口的例子，其营造的日本时尚感为政府和企业所用。

这并不仅仅是"酷"，也包含了可爱的一面，即日语中的"卡哇伊"，或许在一个极端，凯蒂猫是这个词最恰当的代表，另一个则是动漫。

其影响范围涵盖了全球青少年——无论什么地方，只要有 5% 的少女心仪某一事物，一个月之内便会有 60% 加入跟风行列。受到青少年推崇的事物当然不可以蛮横粗鄙、狡诈或充满敌意。整个出版业、研究、产品开发和行销都支持"卡哇伊"工业，或可称为一种日本国内的营销实验室。

在更加策略性的层面上，日本政府和社会认真地将以上种种视为"软实力"的一个方面。我有一份经济同友会关于日本"全球社会使命"的报告，这份报告也值得任何研习中国品牌事务的人学习。报告涉及的一些领域为人所熟知，但引起我兴趣的是传统"软实力"（美食、禅意、儒家思想、艺术和手工艺）与新兴"软实力"（日本的"酷"和"卡哇伊"）的融合，这是我在中国尚未看到的。日本传达的信息"和平繁荣的 21 世纪"与中国并无很大差异，但带有本土特色的措辞和表达方式却能够更好地引起人们的共鸣。

"美人和德"（Bijinwatoku）的意思是"美人得到益处"。对于海外而言，这不仅有说服力，更富于迷人魅力。

事实上，中国正变得愈来愈"酷"。我在马来西亚一家报纸上看到中国的选秀节目、电视剧和音乐的影响力与日俱增。与此同时，当代艺术、舞蹈和音乐也呈现出这一趋势——我强调的是"当代"。

其次，设计是文化投射影响力的重要一环。

多项研究表明，设计与经济发展存在紧密联系。拥有国家设计战略的标杆国家包括英国和丹麦，英国早在20世纪70年代便建立起设计委员会，而丹麦政府希望通过卓越的设计，使"丹麦的"不仅仅是个形容词，更是令人神往的品牌资产。从纯粹以工程为重心到聚焦创意驱动设计——设计出实用并且令人心仪的产品，是出口导向国家品牌战略取得成功的先决条件。在亚洲，韩国战略尤其以敏锐精当而著称，同时拥有雄心勃勃的目标，值得作为标杆仿效。

毫无疑问，工业设计被赋予了新的重要意义，但相对不那么正式的独立设计群体中同样酝酿着创意的热情，需要扶持。"大声展"创始人欧宁写道："这是属于新一代的文化符号。生活和设计之间的互动必不可少。"

再次，在我看来，与其他拥有雄厚旅游资源的国家相比，中国作为旅游目的地的愉悦美妙并未得到充分发掘。

仅举一例，中国的旅游广告——外界形成对一个国家印象的主要途径之一便是旅游广告——十分低调且无法令人产生情感共鸣，这实在令人惊讶。

近年来，最具代表性的旅游广告或许是印度的广告。传统上，外国游客将印度视为一个危险丛生、令人恐惧的国家，而新的目标是通过"Incredible India"活动，将印度重新描绘为奢华典雅、充满冒险情趣的目的地。

自从活动于 2006 年开展后，境外来印游客人数激增了 15.1%，印度成为亚太地区增长最迅速的旅游市场。

2009 年至 2010 年，印度旅游收入增长 27%，并在 2011 年世界旅行奖评选中获得"世界最佳旅游地"和"世界领先旅游目的地"。

接下来，我们看墨西哥的宣传活动。美国媒体大规模渲染墨西哥暴力横行，导致墨西哥旅游业大受冲击，受到影响的客源地不仅包括美国，更波及所有西方国家。

"Visit Mexico"（参观墨西哥）活动，录制了大量美国旅游者讲述亲身经历的视频，之后将这些素材重新包装，使墨西哥旅游宣传片的内容更富生命力，通过各种媒体广为传播。下面这段话引自墨西哥旅游局首席营销官吉拉尔多·雅恩斯。

"在墨西哥生活、旅行的美国人不在少数。让美国人与美国人交流，效果优于让墨西哥政府对美国人宣传。"

结果如何呢？2009 年至 2010 年，墨西哥的外商直接投资增长

25%，世界经济论坛《2011 旅行与旅游业竞争力报告》称：墨西哥（在 139 个国家和地区中排名 43）排名前进 8 位，在整个美洲地区排名第 4。

美食在旅游目的地推广中的地位愈来愈重要。事实上，"舌尖上的外交"已成为一个被广为接受的课题——"抓住人们的胃，赢得他们的心"。

凭借"舌尖上的外交"，秘鲁的整个形象得以复苏。相似的活动在日本、法国和意大利也如火如荼地展开。同样，中国在这方面的潜力尚未充分发挥。

作为总结，约瑟夫·奈确实说过，他反对将"软实力"等闲视之，贴上"可口可乐化"的标签。斯大林也曾说过："美国最主要的武器是丝袜、香烟和其他商品。"而两个极端中间则是品牌主导的神经科学——软实力建立在了解基础上的认识可以转变人们对中国的看法。

或许，这意味着拓展信息。以高情商叙事和高"文商"措辞的新型信息将帮助中国讲述更加动人的故事。正如习近平主席所言："讲好中国故事，传播好中国声音。"

走向全球

韦棠梦（Chris Reitermann）
奥美亚洲暨大中华区首席执行官

世界正变得错综复杂。近年的政治环境发生了显著变化。中美之间的贸易摩擦改变了中国品牌在"走向全球"的努力中所面对的竞争环境。几年前，中国企业还备受欢迎，而如今，它们遇到的是猜疑的目光和带有戒心的欢迎。

除此之外，诸多行业的领导地位也面临重新洗牌。许多中国公司如今都已成为各自领域的世界领导者，这一点在科技领域尤为明显。

但在全球舞台上，这些领先的中国品牌经常会遇到麻烦。

在一个政治友好的环境中扮演后来者的角色，与在一个复杂的保护主义环境中扮演全球领导者的角色，二者有着天壤之别。

走向全球的中国企业需要比以往更审慎地考虑自己的品牌。在国外销售产品相对容易，但要建立一个全球品牌却很困难，需要坚持不懈的努力。品牌不是广告活动，而是指导公司所有行为及行为方式的平台和信念，因此必须用心打造。

品牌平台应清晰表达公司的世界观以及公司在世界中所扮演的角色，同时引起所有利益相关者（政府、媒体、客户、消费者、员工）的共鸣，体现出公司的一系列价值观（无论公司收益如何）。而构建这个平台需要品牌采取下列行动。

第一，发挥领导力。企业需要人性化，需要被理解。这是当今世界对领导者的期望，也是对企业的期望。

第二，承担更多责任。让世界实现连通、实现数码化，让每个人都用上智能手机，制造出质优价廉的汽车、性价比最优的冰箱，光做到这些已经远远不够。每家公司都会追求这些目标。而如今的公司需要回答这些问题：我们为世界带来了什么？为人们带来了什么？为客户带来了什么？为政府带来了什么？

第三，建立信任。人们普遍害怕科技公司（不管是新公司还是老公司，中国公司还是西方公司）。他们为自己的隐私、工作和数据而担忧，对创新怀有戒心。他们虽然看到了科技进步带来的好处，但不知道这些进步会引领自己走向何方。除此以外，还有因为缺乏认知造成的对中国公司的误解，不难理解为什么世界其他国家对于来自中国的科技或汽车领军企业感到害怕。

第四，掌握话语权。要克服这一点，中国公司必须向世界敞开心扉，讲述自己的故事。它们必须阐明目的和意图；必须行动如一，做个好人——透明、谦逊，有同情心，有希望。

第五，讲述人文故事。公司的故事需要以人性化和激动人心的方式讲述，而产品则需要用普通人能够理解的语言来说明。问题是，大多数中国公司都沉迷于战术之中，因为它们大都专注销售，而忽略了说故事的重要性。然而，战术会吞蚀品牌。开展当下具有战术性的工作当然是必要的，但战术性的工作必须纳入一个更全面的叙事思路。当出现问题或产品质量不如预期时，强大的品牌能够利用良好的沟通进行防卫。

中国公司也需要自己的"Smarter Planet"（智慧地球）、"Network Intuitive"或"Just Do It"。这些不是口号，而是一种信念——一种由产品、解决方案、行为和创新支持的信念，能让公司焕然一新。这种信念可以通过多种方式表达，包括 CEO 演讲、活动、产品、访谈、广告以及员工的态度和行为。但最终目标都是要形成一个一致的品牌平台。

要建立这种机制，公司中必须有一个处于战略地位、能够做决策的人负责掌控品牌信息。此人必须具有大局观，不着眼于短期财务目标，能够看清公司的长远目标——他 / 她是一名强大的企业首席营销官，也是一名无微不至、亲力亲为的首席执行官。

这需要一定的资金投入。许多跨国公司在进军中国市场时花费了数亿美元进行品牌推广，中国品牌在走出国门时又怎能不付出同等的努力？

这一目标的实现也需要时间消耗。品牌所需的大胆创意不可能一夜之间构思出来并得到执行。品牌平台的建设也不可能在数周或数月内完成。长期的投入和远见至关重要。

许多中国公司之所以在这方面一直表现欠佳，是因为它们不够专注于长远发展，并且组织内部缺乏一种赋权机制。

如果能够做好这方面的工作，那么我敢百分之百地肯定，世界对这些公司的看法将会发生改变。这将在全球创造一个更积极、更有利的经营环境。我也绝对相信回报率将达到 100 倍。这是成为真正的全球化品牌的关键环节。

文而化之，
何以致远？

罗志勇
奥美北京公关及影响力董事总经理

　　李子柒在 YouTube 上走红后，《南华早报》引述网友的评论说，她的视频"比孔子学院更好地宣传了中国"。我无意在这里就这句话进行讨论。只是向海外传播中国传统文化，利用我们自有的官方渠道是一种做法，利用国外最流行的社交媒体平台则是另一种玩法。尤其是后者，需要符合基本的国际传播规律，契合海外受众的心理和行为特征才行。

知异求同，增强相关性

　　鲁迅先生说："只有民族的，才是世界的。"这句话有其道理，因为不仅仅是中国文化，世界上任何一个民族的某种文化都是独一无二的。在国外，我们经常听人说：文化是多元的。所以，在对外传播中，我们应减少无原则的文化优越感，以及由此产生的单向"文化推广"的做法。相反，我们要理解海外受众所处的文化土壤，设法与他们建立相关性，由此才能促进跨文化的沟通交流。

国外品牌做海外传播也是这样的。2018年春节的时候，奥美基于文化的洞察，为某航空公司做了这样一个创意活动：在阿姆斯特丹的机场打造了一个大型热水壶，中国乘客不仅在离港时就能立即享用到热水，更能在旅行中随时有热水相伴，将贴心周到的服务延伸至目的地。这个创意赢得了很多国际奖项。它的巧妙之处就在于文化的相关性——全世界可能只有中国人才有喝热水的习惯，所以这家航空公司才设身处地为中国乘客着想，从文化的差异性中发现了沟通的基点。

与之相似，我们向世界传播中国传统文化，也要首先理解文化的多元和不同，然后存异求同。如果先入为主地认为所有海外受众必将会对中国博大精深的文化有着浓厚的兴趣，这样就难免陷入"自说自话"的尴尬场景。要避免这一点，首先要克服语言的不同。李子柒在YouTube上面的视频虽有英文标题，但大部分只有很少的配音，让讲不同语言的外国人在观看时，不需要处理大量的语言信息，消除了不同文化背景的人相互沟通的门槛。

其次是注意生活方式上的不同。我见过某些品牌在海外宣传时，会采用剪纸、书法等元素。这固然很好，尤其是容易在海外华人受众中引发共鸣，但这些文化元素并非外国人的"刚需"，不熟悉的人需要认真理解才能接受。在李子柒的案例中，包括近来同样在 YouTube 上走红的滇西小哥，我们看到，他们都是以乡村美食内容为切入点，后来才延伸到其他传统民间工艺艺术。此前同样走红海外的《舌尖上的中国》，也是挑拨人们的味蕾。在西方文化进入中国的过程中，从麦当劳到星巴克、LV（路易威登），也是以饮食、服饰等共性的"刚需"开道，逐渐建立了共通性，从而实现对受众的心智占领和生活方式影响。

知异求同，才能达成有效的沟通。如果邀请外国人来讲中国文化的故事，效果也会不一般。正如当年英国汉学家葛瑞汉（Angus Charles Graham）所说："在翻译上我们几乎不能放手给中国人，因为按照一般规律，翻译都是从外语译成母语，而不是从母语译成外语，这一规律很少有例外。"一部名叫《你好，中国》的人文纪实专题片，以在中国生活的 7 位"洋面孔"的切身体验，展示一个个真切的"中国故事"。它没有强调国家、文化之间的差异，而是用外国人的眼光来呈现超越国籍的文化热爱。奇妙的是，其中许多人对中国文化的爱，也是从爱吃中餐开始的。

近悦远来，增强代入感

我们的外宣作品中，有的习惯于宏大的叙事，例如基础设施建设的成就、经济增长或脱贫致富的统计数据。诚然，这些事实或者数据有其说服力，但传播不完全是"说服的工作"。尤其跨文化的交流和传播，更需以感性的力量促成对话。这个时候如果我们把文化自信落实到个体身上，讲述人的故事，或许更能让他人产生共鸣。因为文化本来就是许多平凡人共同的生活记忆。

孔子说："近者说（悦），远者来。"这一点在视频传播中亦然，当作品中的主人公表现出最好、最幸福的状态，便可以"圈粉无数"。在李子柒的案例中，她的粉丝讨论说，中国的农村生活也许并非视频中包装出的那样惬意和美好，但是大家并不在乎。因为每个人都喜欢欣赏美丽的事物，即使在逆境中，人们还是喜欢沉浸在对美的追求和梦想中。美丽的故事，美丽的环境，美丽的人，美善的人际关系……这些是不同文化生活中的人共同追求的，也正是李子柒视频巧遇的文化张力（Cultural Tension）原理。

文化张力其实是一种洞察，它在受众文化中发现能引起共鸣的东西，去建立和强化相关性。如果你不太确定你要去的那个市场到底有怎样的文化张力，这个时候也许需要基于人性最根本的需求去发现世界皆然的洞察，这样做传播也许会是一种比较安全的策略。

受众对文化美的欣赏和向往，是基于一种"共情"的心理因素，也就是容易产生一种代入感——你的美好生活正是我想要的。这可以超越文化的地域性，更具有普遍性。我这里列举几条外国人对李子柒视频的评论，所谓的"近悦远来"，从中可窥一斑：

- 我可以感觉到李子柒真的很享受她的生活……那些视频让我感到了极大的宁静与幸福。

- 中国传统文化强调如何使人与人的关系相处得更好，这也意味着如何改善人与社会的关系、人与自然的关系。这些不同的美在她的视频中表现得淋漓尽致。她就是这样征服了全世界数百万粉丝的心。

- 她的视频是我们这些城市人通向所向往的生活方式的一个门户，这就是我们所说的"乡村梦想"。这个梦代表着美，这正是我们一直在追求的。这个梦也证明了她之前告诉我们的："我想展示的只是我所期待的生活。"

- 我是来自斯里兰卡的一位粉丝……我从来没有去过中国，但在看过这些视频之后，我真的想过，和我的家人一起去探索中国传统美食和文化。

在实际的对外传播中，善用"近悦远来"，还可以邀请意见领袖或者粉丝代表参与，通过他们的愉悦感去影响更多的受众。例如，万达的贵州丹寨"52个镇长"案例就通过互联网为小镇全球招募镇长，并持续带来关注。他们感受到当地的青山绿水、迷人的风土人情，甚至有人还幸运地体验了苗族婚礼的文化魅力……这种文化的愉悦感，甚至感染了戛纳创意节的评委，该案例最终获得2018年戛纳铜狮奖。

身临其境，增强体验感

中国传统文化的魅力，在于它的可体验性，可亲、可近、可把玩。比如中国功夫，20世纪六七十年代就开始为海外受众所追捧；中餐厅遍布世界各地，为外国人直接体验中华文化提供了便捷方式；还有的西方人痴迷方块汉字，虽知之不深，却愿意文在身上，来彰显自己的个性和喜好……

这些例子说明，在当今体验经济时代，我们不能只局限于把最终的文化成果奉献给观众，如琴棋书画、笔墨纸砚，而是要展现过程，邀请他们来"身临其境"。李子柒的视频，体验性就非常充分。她的动手能力是超一流的，例如她不只是呈现美食，还呈现制作美食的过程，这容易跟西方很多也是自己动手修车、打理花园的女性产生共鸣。一位来自美国肯塔基州的网友留言说："我喜欢李子柒的视频，你给了我更多的灵感，让我种植各种各样的蔬菜，越来越多地把食物做得像艺术品……我也希望有一天能拥有一个农场，也希望能在这样的大锅里做饭。"

视频网站的强大传播功能，让文化传播的体验感可以发挥到极致。各式人物、各类美食、各样美景，一个个鲜活生动的故事，可以让观众兴致盎然、感同身受，进而感受传统文化魅力。前面提到的《你好，中国》影片，拍摄中拾得一声鸽哨、一声叫卖吆喝，让受众体验当年的北京，让老北京城变得鲜活生动。

2018 年，西安市政府开展了城市海外营销。西安的独特之处要怎样去体验呢？首先要找到和受众的相关性，很多西方人都知道兵马俑，所以西安用兵马俑形象，先引起海外受众的关注。其次为了增强体验性，在第 48 届纽约马拉松比赛正式开跑前夕，西安举办了"兵马俑跑迷你马拉松"活动。兵马俑"走出"博物馆，"走到"纽约街头，结合当地热门体育赛事，是向美国民众介绍中国传统文化并邀其参与体验的一次创新尝试。

如今，全球性的视频网站和社交媒体，为我们近距离接触海外受众、传播中国传统文化提供了便利，但要获得好的传播效果绝非一蹴而就。李子柒的视频海外走红，其实是由于她的才华与直觉巧遇了跨文化传播所应遵循的心理学、行为学、文化学规律，从而达成了艺术层面和精神层面的沟通，而且体验性非常强。总之，文化传播要促进的是跨文化的对话、交流，而不是单向的文化推广和输出。

（此文首发于《国际公关》杂志第 97 期）

第三章

知行之思

营销人的科学用脑术：千万人中，读懂你回归大脑的真实想法

柯锐斯（Christopher Graves）
奥美集团行为科学中心创始人兼总裁
奥美公关前全球首席执行官

走进消费者心中，先读懂四万年前的大脑

在传播行业，我们习惯于创建受众画像，以实现卓有成效的沟通。但大多数情况下，我们都在一条错误的路上越走越远，因为这种方式太过泛泛。

行为科学能帮助我们精准刻画出每一位消费者的图谱，让我们洞悉他们的所思所想，从而发掘出一条走进他们心中的捷径。

有趣的是，今天我们大脑的运作方式与四万年前并无显著不同——那时，智人刚刚发展出早期艺术形式和语言等概念。为了个体与种族的延续，史前人类每天想的都是如何活下去。生存不易，

我们必须重视如何打击敌人、逃脱危险深渊、繁衍后代以及填饱
肚子。

时至今日，我们面对的世界已截然不同，挑战层出不穷，其中
不乏更为复杂的情况。但是，我们思考的底层模式却从未改变。我
们不是计算机，不能自己升级软件系统。所以，我们应该做什么
呢？或许，应该从深入理解我们到底是怎样思考的，以及为什么这
么想开始。

科学表明，大脑颞叶中最强势的是杏仁核区域。它负责激活大
脑中反射"战斗还是逃跑"的反应，以触发生存的本能。这项潜意
识与其他直觉桴鼓相应，构成我们行动的主要驱动力。

虽然人类一直声称自己是逻辑生物，但事实上我们基于心智本
能与情绪而行动，并擅长用逻辑回路来掩饰决策过程，使其看上去
是"理性的"。

这样的决策贯穿我们的生活，使我们被看不见的谬误所影响。

厌恶损失

人们对"所损失东西的价值"估计要高出"获得相同东西价
值"的两倍到三倍。因此大多数情况下，通过强调潜在决策风险以
说服人们做决策，远比一味强调好处来得有效。

幸存者识别

人们更容易被人打动，而非数字；更容易被单个个体的悲欢所感动，而非群体。举例而言，谷歌为了传播它所提供的服务生态，曾专门打造了一个营销战——以一位父亲的角度切入，讲述他如何运用各项编辑工具，记录、保存及分享小女儿的成长点滴，细腻入微，完美诠释了品牌所表现的理念核心。

从众心理

人们渴望拥有强烈的群体归属感，即"随大流"。一位心理学家曾进行过实验，在一组七人被试者中，当其他人都对某问题给出明显错误的答案，第七位实验对象依然会"顺从"这个答案，即使他心底模糊明白答案是有问题的。脑扫描发现，偏离群体的心理恐惧会激活身体疼痛，这是真实存在的生理反应。

确认偏误

人们倾向于接受与自己的先验观念相同的观点，并有选择性地忽略那些不符合其世界观的事实。突破"回音室效应"的诀窍，就与前文提及的群体身份认同密不可分。如果你想说服某人扭转心

意，必须先建立一种联系，争取融入他的阵营，这样对方才会放下
戒备，视你为盟友而非强敌。

具体与抽象

人们相信、喜欢并愿意记住具体例子，而不是抽象的概念。相
比其他总统候选人对政策法规的模糊描述，唐纳德·特朗普曾石破
天惊地喊话"我要建一堵墙"，成为舆论的焦点。人们常用抽象大
词，是因为担心具体词汇会让别人觉得自己不够睿智。但事实上，
我们应该多用一些让大家都能听懂的具体表达。

万变不离其宗的人格特征，洞察与挑战

虽然我们每个人都逃脱不开这些心理偏差，但具体到每一个人
的思考方式依旧有细腻差别。人格特征也决定着我们思考与处理信
息的维度。

对此，人格科学范畴研究已判定了五个正态分布的因素，以
描述人与人之间行动与思考的不同面向，这五个因素分别是：开放
性、责任感、外倾性、宜人性、神经质。同时，我们也在极大程度
上受到社会文化认知的感染，是更偏向于等级制度还是平级观念，
主张个人主义还是群体主义。通过了解单一个体以及个体在群体中

的思考模式，能揭示人们根植在深处的独一无二的观点与价值观，从而帮助我们了解如何更好地沟通。

今时今日，行为科学为我们提供了强大的洞察工具，也导致我们面临前所未有的挑战。

我们生活在一个"后真相"时代。社交媒体上的谣言比真相传播得更快、更远、更深，一项研究表明，谣言传播的可能性比事实真相高出七成。更让人忧心的是在散布谣言时，大多数人并不自知。

不断发展的照片视频合成技术为"伪深度谣言"的制造提供了天然的沃土。"谣言接受度"已被纳入学术研究范畴，科学家试图测验究竟谁更容易依赖和听信谣言。但实际上，我们每个人都很容易被道听途说的虚假观点所捕获。

除此之外，随着权威的消解，人们不再相信某个专家组织或机构，热衷于寻觅自己所相信的那个世界，鲜有人去仔细甄别信息来源的准确与纯正。

所以，我们能做些什么？

请保持清醒的自我认知——深入了解我们大脑的运作方式，尊重科学，崇尚真理。毕竟，这是我们赖以生存的根本。

［本文由易文超（Michael Evans）根据柯锐斯的讲座整理而成，易文超现任奥美北京编辑］

5G 时代，
品牌传播怎么变？

罗志勇
奥美北京公关及影响力董事总经理

2020 年，中国实现 5G（第 5 代移动通信技术）规模商用，这又将是一个技术改变世界的新时代。

在过去的十余年中，3G 时代成就了微博、微信，让社交媒体、新媒体层出不穷；4G 时代带火了视频内容，尤其是短视频，算法推荐改变了传播的模式。底层的技术变革，刷新了品牌传播的互动方式，调整了整个传播行业的分工作业。如今，5G 时代扑面而来，在这承前启后的时刻，我们不妨也预想一下：未来十年品牌传播可能怎么变？

5G 定义了三大应用场景：增强的移动宽带，超高可靠、超低时延的通信，大规模的物联网。这些场景如果和人工智能、增强现实/虚拟现实等趋势相结合，无疑会改变品牌与客户互动的方式，带来一些新的可能。

第一，我们将看到"线上"边界的拓展。主要原因在于，5G促进万物互联。5G超高速无线连接，理论上意味着高端屏幕可以出现在任何"物"上。从家居到户外，从购物到出行，人们所遇到的任意"物"，表面都可以装上智能显示界面，成为一个可以互动的品牌传播媒介。最典型的变化将是汽车，想象一下，自动驾驶最终可能使汽车成为第二起居室、第二办公室。"万物皆有屏，万物皆线上。"于是，线上线下之间的区分开始消融，企业既需要针对新型的媒介（屏幕）开发新的内容格式，也需要跨越不同设备（"物"）提供一致性品牌体验。

第二，品牌传播的内容表现形式也在变。可能在声音、视觉之上，让内容变得有"触觉"。5G将带来全新水平的沉浸式体验，高质量、交互式和智能的图像随处可见，超高清8K视频、增强/虚拟/混合现实等，将重塑传统的数字化内容。消费者不仅仅是视频内容的接收者，还可以像医生利用5G低时延的特点远程控制手术一样，通过触摸屏幕与远程品牌活动现场进行交互。而品牌方也可以以全新的方式推动深度的产品或服务体验。

第三，每个人体验到的品牌内容可能不一样。一个TVC、一篇新闻稿包打天下的时代真的过去了。5G将使企业获得更大数量、更多样化的受众，更快的数据处理和机器学习的应用，将允许品牌营销人员提供实时、超个性化的顾客体验。品牌方可以利用实时数据分析，为更具体的目标受众，建立更加专指、小众和实时的传播活动，每个人接收到的都是个性化、有针对性的品牌内容，品牌方可能以前所未有的"颗粒度"触及特定的个人。品牌代理服务公司与数据公司的紧密合作变得不可避免。甚至有些品牌代理商本身就是数据公司，可以实时获取、分析消费者行为数据，并有针对性地分发、推送具有高度相关性的品牌内容。

第四，自动化品牌内容交流变得不可或缺。5G时代，超高带宽带来"数据的洪流"，超低时延可以让品牌与受众"零时差、零距离"。消费者或许期望得到即时的客户服务和品牌方的即时响应，呼叫中心等将会采用更多机器语音和人工智能。在品牌传播中，聊天机器人和自动消息传递将得以推广应用，对话式语音搜索的流量也会出现增长。通过自动化品牌互动，品牌方有可能实时精准识别顾客，可以设计一对多的互动对话，为每个消费者自动搭建个性化的会话。品牌传播的精准度和效率大大提高，消费者也需要适应这种自动化、智能化的品牌互动体验。

5G时代，品牌是否仍然有意义？这是无疑的。新的商业模式、新的科技或服务品牌将诞生，而已有的品牌必须证明自己能抓住5G的变革机会，给人们带来一种全新的生活方式。品牌甲方、乙方有机会紧密协作，让5G时代的品牌更有意义。

首先，品牌和媒体深度合作，将有可能推动传播内容的演进。随着消费者/读者开始使用5G设备，新闻记者有可能成为"随时随地的流媒体记者"，比如在突发新闻情况下捕捉和制作高清的甚至是 3D 的内容，以更直接、更迅速、更丰富的方式报道品牌。品牌方包括品牌代理商，它们要创造条件帮助媒体获取、生产、加工这样的内容，包括使用虚拟和增强现实技术提供动态的故事讲述表现形式。另外，除了发布通用内容的大媒体，还会出现一些小众媒体——拥有小而精读者群的媒体，它们更加针对特定的超细分市场，需要品牌方投入额外时间和资源去合作。

其次，品牌信任和声誉更加重要。5G 时代，数据是智能的基石。人们越来越担心技术和数据的滥用带来负面影响，人工智能伦理将被更多地关注和讨论。当消费者被要求提供更多个人数据，即使有隐私条款，他们也会倾向于选择值得长期信赖的媒体或者品牌方。信任是稀缺的，品牌的透明度和真实性越来越重要。品牌信任越来越植根于一家公司的行为方式，这也涉及公司的价值观以及如何为更广泛的社区、社会履行责任。危机管理的工作更加前置，也就是说，以 5G 时代的传播速度，与其做危机发生后手忙脚乱的补救，不如花更多精力防患于未然，在价值观和防控机制上多下功夫。

此外，在 5G 时代，品牌除了要加强与具体受众个性化需求相关的努力，还需要重视与宏观社会文化议题的相关性。技术革命将会改变已有的社会关系，构建新的社会关系，品牌仍然需要关注"大趋势"，尤其是如何利用技术合力解决社会重大挑战，例如健康、安全、可持续发展等议题。5G 将更多地用于工业互联网，加速释放数字经济的潜能，这也会带来新的一波"创富"潮流，但新一代CXO（电商企业首席惊喜官）不能只关注财富，要以更强的前瞻力和思想领导力预见未来，引领产业界和社会各界迈向多赢，真正实现"科技让生活更美好"！

（此文首发于《国际公关》杂志第90期）

AI 改变世界，
4A 公司，第一个倒下的是不是你？

赵晓光
奥美北京经营合伙人

2017 年 9 月 15 日，IBM 全新品牌在中国落地的引爆活动，不是一场品牌策略发布会，而是一场辩论赛。来自《奇葩说》辩手的衍生团队——"小学问"的全国顶尖辩论高手们，对人工智能改变职场的方式进行了激烈思辩。反方主辩黄执中的一个思考角度，给做传播的同学带来深深的震撼：一个台北著名报馆的排字师傅，和总编平级，干了一辈子，带出无数铅字排版的学徒，至今排字功夫技压群雄……可一夜之间他的职业被激光照排技术取代，他在这个报馆失去了工作，全世界所有的报馆也在同一时间不再需要这个能力了。

"不再需要"——这是技术，或者更具象一些，是数据分析、VR、AR（增强现实）、社交平台和人工智能等新技术，给相当一部分传统职业带来的注脚。这一切源于变化。消费者的需求在变化，企业的需求在变化，政府的需求在变化，商业模式也在快速变化，商业模式的变化往往是决定我们能不能在另外一条赛道上去竞争的关键。如果说我们在同一赛道竞争拼的是实力，那在另外一条赛道的竞争拼的就是速度，如何更快地应对这一快速变化的世界。

人工智能是一种新的通用技术，即 GPT（general purpose technology），这已经越来越成为共识。所谓通用技术，简单理解就是要有多种用途、能应用到经济的几乎所有地方，并且有很大的溢出效应的技术。在《经济转型：通用技术和长期经济增长》一书中，作者理查德·里普西（Richard G. Lipsey）认为，社会经济的持续发展是靠通用技术的不断出现而推动的，并将通用技术定义为可识别为单一通用产品、流程或组织形式的技术。最新的维基百科显示，经济学家们认为人类发展走到今天，总共有 26 种通用技术，而人工智能就是其中一种。作为一种通用技术，人工智能不仅使我们能以更高的效率完成已经解决的问题，也可以解决很多还没解决的问题。所以，能不能具备真正的人工智能思维，以人工智能的技术解决现在的问题以及未来的问题，是我们能否在未来竞争中构筑领先、构筑优势的关键（来自华为轮值 CEO 徐直军演讲）。

几乎所有的职业都面临通用技术的挑战。在这个时代，什么工作最有可能被机器人淘汰？什么最不容易被淘汰？

BBC（英国广播公司）基于剑桥大学研究者迈克尔·奥斯本（Michael Osborne）和卡尔·弗雷（Carl Frey）的数据体系分析了

365 种职业在未来的"被淘汰概率"。

虽然他们分析的仅仅是这些职业在英国的前景,所基于的也不过是英国数据,但从这些概率中,我们还是可以得出两个基本的结论。

第一,如果你的工作包含以下三类技能要求,那么被 AI 取代的可能性非常小:社交能力、协商能力以及人情练达的艺术,同情心以及对他人真心实意的扶助和关切,创意和审美。

第二,如果你的工作符合以下特征,那么被 AI 取代的可能性非常大:无须天赋,经由训练即可掌握的技能;大量的重复性劳动,每天上班无须用脑,唯手熟尔;工作空间狭小,坐在格子间里,不闻天下事。

在所有用上述标准分析的职业中,类似推销、保险、银行、政府事务等流程工作被替代的可能性高达 85% 以上,而和品牌、传播相关的艺术类、创造类工作被替代的可能性只有 3%~5%,公关被替代的可能性甚至低至 1.4%。

看到此处,公关从业者是不是长出一口气?身处品牌、传播行业潮头的我们,依然是被时代之神眷顾着的。但是,不好意思,AI时代眷顾的是创意和传播类职业,而不是 4A 公司。

让我们先来看看品牌传播和 4A 的存在意义。在客户的供给侧和消费者的需求侧之间,一直存在着交流不平衡、不充分的状况,这是品牌传播行业的基础,也是 4A 能够带来的最大价值。基于此,我们解构一下 4A 的工作:(1)理解客户品牌或产品;(2)洞察消费者的存在和偏好;(3)进行平台、渠道的沟通和组织;(4)产出创意和传播内容。

现在,我们看到百度正在用大数据快速精确地做用户画像,进行行为分析、调性契合,调整喜好偏差,不管 to B(面向企业)和 to C(面向个人)都能做,还附带用户的地理位置和使用习惯,同时给出建议的合作品牌;脸书、今日头条和腾讯都在用数据分析推送信息和广告,你看到的就应该是你想看到的(当然这其中还有很大的行为逻辑漏洞,已在迅速迭代改进)。综上,4A 前两项工作正在迁移。在第三项上,4A 公司已经不可避免地沾染了很多传统行业的毛病:以操作流程为导向、以组织架构为核心,把本应灵活多变、精彩纷呈的创造工作变成所谓专业的、复杂的制造工作。而这些工作,和那些传统职业一样,在很大程度上也是要被淘汰的。

因此,我们要看清这个时代。4A 公司面临的挑战,不仅仅是传统媒体平台被打散、小型传播机构快速增长、人员流失、客户自助、产出透明、流程价值消退等眼前的问题,更是整个传播形态将如何变化的趋势问题。AI 技术机构和社会化(Social)平台,正在努力替代品牌、广告和公关公司,成为企业和用户沟通的驱动存在。它们深知自己的优势:(1)传播规划应需求而生;(2)TA(目标用户)动态可知;(3)渠道资源无限。

我们还有洞察和创意,我们唯有洞察和创意(在奥美,"创意为王"的概念被提了很多年，越来越没毛病）。那么，技术是否能够产出洞察和创意呢？目前看还没有，无论是百度还是头条，在把相关分析和定位、渠道和策划工作做完之后，还需要一个产生洞察和创意的专业机构来对接。但是随着 AI 技术的发展，可能会出现一种全新的状况：自然创意和商业需求洞察自动匹配。试想有这样一个平台：在一端，有所有客户的品牌需求和产品信息，对战略、定位和商业目标了如指掌；另一端，能够在浩如烟海的社会化平台中，实时扫描和抓取精彩甚至经典的 UGC（用户生成的内容）；然后，最关键的来了，把需求和供给实时匹配，并进行符合市场需求的内容调整和创意优化。这就相当于一个智能的任务发布和创意抓取体系，那些段子手、行业大咖、职员、旅者、学生……都每天生产宇宙量级飞机稿的创意，这些飞机稿分分钟能够被系统匹配成为客户能够使用的出街内容……唯有"洞察 + 创意"才是核心，品牌和传播的价值不可辜负，但不再是传统的生成形式和来源。"从群众中来，到群众中去"的创意模型，最终会淘汰当前的形式。

　　这个神奇的创意匹配作坊还没有成形，但以"创造力"攫取"吸引力"（出自凯文·凯利的著作《必然》）的时代正在形成。4A还有机会，得天独厚的机会，但抓住这一机会在于自身转型升级率先成为这样的平台，这已经是最后的窗口期。我们要像真正的创业者那样思考："我要解决什么问题，所以我必须学会。"唐僧西天取经，他知道自己一定能成功吗？他知道孙悟空等着他吗？不知道，上路再说（出自樊登读书会演讲）。因为这事是我们必须干的，所以我们要克服一切困难，成为新时代眷顾的宠儿。

4A只是标签，不是能力。品牌和创意精神不死，奥美永生。

增长黑客：
隐形的异业杀手

杨洋
奥美北京前资深客户总监

  大数据、共享经济、短视频——虽然这几年互联网一阵又一阵的风刮来刮去，每年主旋律都不一样，但这背后的推手"增长黑客"，倒是成为中国创业公司、投资机构甚至成熟的上市公司的力捧对象。

  这种生在硅谷的物种，与我们的日常相距甚远，对其进行关注也大都是为了谈资。直到前段时间，在书店看到中信出版社的《技术垄断》，被码得整整齐齐，归在进门可见的畅销书一栏，宣传语"文化向技术投降"被标亮放大，很像一排排戴着黑框眼镜、穿着格子衬衫、配着蓝牙耳机、敲着机械键盘的程序员，眼睛直勾勾地盯着我们这些吃"文化饭"的"营销人"，意图发起两个世界的战争，但我相信这场战争不只针对营销行业。

  增长黑客，顾名思义，是用黑客的手段（技术、数据、低成本，可能还有灰色的方式）带来黑客般的增长（立竿见影的效果、爆发式增长）。从设立增长岗位到首席增长官（CGO）的出现，增长黑客的侵蚀范围已经从产品技术蔓延到整个公司的运作，似乎技术背景所带来的天然优势为 TA 们的成功设置了不可攻破的壁垒，也令其在很多外行人眼中充满神秘色彩。

你了解越多，就越会感受到壁垒背后与我们相似的熟悉套路。

增长黑客的模式，像极了草原上的异类动物，搅乱了原始的生态平衡。TA 们往往不是单兵作战，而是有组织、有领导地进行群体活动。成熟的增长黑客，往往是一个增长团队：增长负责人、产品经理、软件工程师、营销专员、数据分析师、产品设计师。用"全面"形容已经不太合适，这个团队更像是一个"微缩公司"，既具备公司的各种职能，又不会被冗余的人力物力所牵绊，效能自然比较高。单看这种架构，似乎和我们做传播项目的构成很像（项目负责人、业务、策略、创意……）。

不仅团队架构相似，增长黑客的运作模式也与我们有很多相似性。

首先，要挖掘产品。这包括挖掘我们专属的独特性，挖掘市场契合度，看我们的产品在当下环境中是否能被市场接受，分析存量用户，深度分析他们的访问行为。

其次，明确增长杠杆与增长战略。增长杠杆是什么？就是 A-ha moment（网络用语，"恍然大悟"的意思），是产品能够让用户感觉到眼前一亮的时刻。

再次，找到真正重要的指标——北极星指标。增长的诞生往往是因为我们的产品迷失了最重要的指标，不知道目标在哪儿，因此需要北极星指标。对于增长黑客来说，有一句听起来虽然绝对但正确的话："只有唯一的指标，它就是北极星指标。"

最后（但同等重要），利用前期得到的结论，进行快节奏实验增长。这包括用户调研、产品调整、数据深挖、活跃用户情况跟踪、继续试验。这是一个完整且不断循环的链路。

上述步骤看起来已经像一个新的增长团队在周一见面会上的开场白了，我试着换个说法。

我们要清楚自己与众不同的地方，这是我们的专属基因。当把自己放在更大的文化背景之下，我们是如何融入并被接受，还能保持个性、为人所爱的？

我们要清楚自己是谁。我们为什么人提供什么？从功能需求到情感价值，我们对他们意味着什么，从而让他们因此买单？

我们要找到当下最重要的发展方向，这意味着我们要清楚自己所处的阶段（例如品牌发展阶段），也要看到自己和行业生态（品类、用户、竞争对手、渠道等）之间的关系。

我们要有一套行之有效的模式去印证并实现我们的结论。

这种相似性是不是很有趣？它像是一种撕开壁垒的公式，让我们有方法通过增长黑客设置的迷雾，洞见事物的本质。不过像公式一样，我们总是能看到总结之后闪耀的通用性，这似乎能够带来通向成功的捷径，但却让我们容易遗忘限定条件，而正是这些不起眼的条件让结果走向可能不同。

增长黑客的精髓是 Fastest-Growing（最快速增长），这是一种保持高速运动的状态，完美的技术性运作模式和团队配合，是成就这种运动的必要方式，但背后还有一个限定条件，保证了这种高速状态能够持续稳定，这个条件就是企业文化。

举个网飞的例子。

爱看美剧的读者一定很熟悉这家企业，它曾经是一家 DVD（数字视频光盘）租赁提供商，而现在已经是令迪士尼、福克斯娱乐集团忌惮的全美屈指可数的流媒体服务商。

在做 DVD 出租行当时，网飞的模式是根据喜欢与否决定是否续租，在当时的环境，数码新媒体的兴起对 DVD 行业有巨大影响，但网飞这种模式，给了它在新市场一个绝地反击的契机：电影推荐。利用原始的喜好模式和积累的用户，网飞把业务重心放到了网上，摇身一变成为一个好的电影推荐平台，也因此获得了大量高质量可分析的用户数据，比如用户晚上爱看什么、过生日爱看什么等。

从对自身模式优势的挖掘，到捕捉一个亮眼的 A-ha moment，再到利用数据驱动增长，配合内容定制推荐，规模式复制并创造优质内容，网飞成功实践了一套增长步骤，成为增长圈津津乐道的范例。

只不过，在网飞增长半球闪光的另一侧，有一份看似与增长毫无关联，但同样被奉为圭臬的文件：《网飞文化：自由与责任》。

这份"硅谷最重要的文件"不是黄金代码技术文档，也不是商业模式投资秘诀，而是出自网飞首席人才官的一份企业文化手册。在这份手册里，没有渲染神秘，也没有特殊壁垒，只是直接、具体地列出网飞企业文化的特点，从人到工作。这份文化手册帮助网飞在应对转型时，打造出匹配快速增长的创新团队（具有创新力、创造力、高绩效的团队）。

似乎还没有人把增长黑客与企业文化做直接关联，但二者却默默成为 Fastest-Growing 这种恒定高速发展的不可分割的两个方面。

就像网飞，站在增长半球，我们只能看到相似性，学到一些通用性的套路，只有跨越到文化半球，看到企业的特殊性，串联其技术的科学与文化的艺术，才能成就更好。

回到营销的话题，我们似乎进入了一个时刻"被颠覆"的舆论黑洞中，任何一个新事物、新名词都能立刻致命（"4A 已经被死了××年了"）。但仔细想想，新世界的诞生从来不是瞬息即变，而更像是伴随着创新的闪亮点，把资源以另一种方式重新进行组合。就像增长黑客，技术力量带来的壁垒固然不可小觑，但塑造什么样的公司、凝聚什么样的人、实现什么令人着迷的目的，却似乎是我们的看家本事。

在各路隐形杀手面前，文化真的会向技术屈服吗？

从语言到行为，
公关如何发力？

罗志勇
奥美北京公关及影响力董事总经理

2020 年春节期间，我骑着摩拜单车上街，看到很多公交站牌的广告画面上用大字写着宣传标语，诸如"拥抱地球，拥抱绿色""垃圾分类，从我做起"……我颇感惭愧。虽然我支持绿色生活方式，但从行动上真没做到垃圾分类。不过据我观察，同社区的邻居也没有做到。

由此我想到我们的工作——公共关系。我们经常绞尽脑汁想出漂亮的大小标题，帮客户撰写并发布很多稿件，然后收获一堆剪报或者朋友圈的转发。但是，我们有没有细算过，这些传播成果，有多少能真正给受众带来行为上的转变？

公关既是关于语言的艺术，也是关于行为的科学。公关沟通的信息要产生实效，最高境界是形成共识、改变态度和行为。如果语言是促进行为转变的原材料，那么我们希望，目标受众能接受公关内容的影响，更多购买产品或改变他们对企业、社会活动的参与。

　　然而，人的行为转变是建立在从认知、态度、意愿到行动的连续统一体上的，而且受到个人信仰、情感、能力、习惯以及技术条件、环境障碍等多因素的影响。从语言到行为，公关如何发力？幸运的是，我们可以从社会心理学、行为学中获得一些启发。鉴于公关针对受众接受心理的不同需求和需要，从不同层面发挥作用，我尝试建立了一个有关公关沟通的语言影响力模型，希望能对日常公关工作有所指引。

简明的力量

　　简明的语言更有穿透力，恰如丘比特之箭，能"刺"入受众心里。

　　早在 20 世纪 60 年代，美国海军就提出了 KISS（Keep it simple，stupid）原则，直接翻译过来就是"大简若愚"。这符合人类处理信息的认知放松（cognitive ease）心理机制。研究表明，我们还保留着原始人的思维特征——丛林生活威胁重重，原始人凭借简单的信息做出决断，例如，灌木丛中的沙沙声或许可以直接翻译成"啊，一头狮子！快跑"！如今呢，面对太多信息的"入侵"，我们的大脑仍会本能地寻找认知上的"捷径"，挑选自认为重点的部分信息，忽略其余部分，避免产生"认知负荷"（cognitive load）或陷入过多的思考。

在撰写一篇公关稿件时，或者策划一个公关战役前，我们要花足够的时间梳理好希望受众"带走"（takeaway）的关键信息点。这往往是寥寥几个要点，但我们希望它们能高度概括公关沟通所呈现的事实或论述，能被受众记牢，并以转变其观念或行为为目标。而要实现这些目标，需要做到以下几点。

第一，这些关键信息点必须是简洁的。任何增加大脑"认知负荷"的冗余信息，都会让沟通效果大打折扣。早在 14 世纪，英格兰人威廉·奥卡姆（William of Ockham）就提出了一个被称为"奥卡姆剃刀"的论点："在所有事情都平等的情况下，最简单的解释往往是正确的。"而公关沟通正是要找到这个"最简洁的正确答案"。

比如为了劝人们不要消费犀牛角，我们可以列出一堆的理由——保护濒危野生动物、自觉守法等。野生救援（WildAid）实施了"啃指甲救犀牛"公关活动，梳理了"犀牛角的成分，等同你的指甲"这个传播点，就是要为那些买犀牛角入药的交易动机釜底抽薪。

第二，要让人们对公关语言"言听行从"，我们需要给出简明的解决方案。大卫·奥格威说过，"我们这一行有群自命不凡的'白痴'，爱使用专业术语以吸引大众目光"（Our business is infested with idiots who try to impress by using pretentious jargon）。专业术语在专业沟通中必不可少，但用多了专业术语，对于改变大众行为方式则收效甚微。为什么社区垃圾分类难以落实？因为许多居民对什么是可回收的、如何分类等指导信息看不懂，一头雾水，做起来更是困难重重。相反，一些指向性非常明确的信息，例如"把电池放到小区门口专用回收箱""每天步行 30 分钟保持健康"，这样简明而且具体的指导对改变行为收效更好。

第三，信息混搭也会影响受众的接受度。伊利诺伊大学心理学教授多洛雷斯·阿尔伯蕾钦（Dolores Albarracín）发现，给减重者提出"增加运动量，同时增加蔬菜摄入量"的建议，容易被接受且付诸实施；而建议他们"减少脂肪摄入，同时增加锻炼"则难以被记住。她指出，正向和反向两种行为指令不要放到一起说，一条核心信息如果包含多个指令，最好让它们指向同一个方向。

让受众"带走"的关键信息点，要力求给人留下深刻的印象。如果你能把它写成诗，它也许更有可能被奉为"真理"。例如在《三国演义》第三十回结尾，罗贯中写道："正是：势弱只因多算胜，兵强却为寡谋亡。"这样到位地总结了官渡之战，给后世以镜鉴，且流传甚广。

关联的力量

仅仅简明的公关语言，不足以带来行为的转变。公关内容要提供相关性，与受众的既有知识、情感或价值观产生关联，使之铭于心、践于行。

为什么相关性如此重要？因为"在大多数情况下，我们喜欢我们熟悉的事物"[见罗伯特·西奥迪尼（Robert B. Cialdini）著作《影响力》]。恰如"他乡遇故知"带来的愉悦，一个熟悉的人、物体、地点或情况，能直接引起受众的主观认同。而且人们往往没有意识到，我们对某方面事物的态度，受到我们过去接触它的次数的影响。

这种下意识的熟悉感，在各种行为决策中扮演了重要角色。心理学上有一个名词叫作"启动效应"（Priming Effect），意思是在无意识的状态下，你若接触过一个信息，它会影响你对另一相关信息的反应。比如有研究表明，对于一项增加教育拨款的提案，当投票站设在学校时，支持的人数会显著增加。对于公关从业者来说，启动效应是有力的说服性工具。例如我们在为一家半导体公司做公关时，不断地讲述计算性能的重要性，这样受众在买电脑的时候，更有可能把芯片性能当作重要的考虑因素，虽然芯片装在电脑里面他是看不到的。

与受众熟悉的生活产生关联，可以让公关语言更打动人。"每周少开一天车，我为城市添新绿"，这样的倡议随处可见，却形同虚设。如果我们换一种说法："雾霾让每个上课的孩子都深受其害，2019 年 11.8 万人签名参与了'少开一天车'活动，北京市 PM2.5浓度同比下降了 14.1%；学校呼吁广大家长都参与进来！"这样熟悉而具体的语言更有号召力。要是匹配各个小区统计每天"少开一天车"的执行情况，公布小区的数据或者与其他小区展开竞赛，效果更会不一样。

借助意见领袖的影响力，其实就是利用圈层关联的力量。人是社会性的，在我们的进化历史中，群居生活提供了更好的安全性，群体性思维也赋予了我们归属感，有利于维护集体的利益和凝聚力。因此，我们更容易相信社交圈内某个人的观点，聆听同一圈层的人讲述品牌体验的故事。作为公关从业人员，我们要深入了解受众，以及他们如何在自己的社会圈子内相互影响。针对不同圈层的定制化信息，往往能吸引更多的关注，更能促进该圈层内相关的行为转变。

推而广之，公关策划要寻求与更广泛的社会文化和主流价值话题产生相关性。例如，对于跨国公司本地化，我们需要建立其公司举措与国家政策的相关性；对于追求行业领导地位的品牌，我们需要让其思想输出与行业趋势直接相关；对于塑造良好企业公民形象的品牌，我们需要让它与重大社会议题相关，诸如扶贫、教育、可持续发展等。品牌与社会文化的双向互动，将有利于提升品牌声誉，扩大"赢响力"。

肯定的力量

弗兰西斯·培根说过："肯定比否定更能让人感动和兴奋，这是人类理解中的一个独特和永久的错误。"对这个人类心理上的黑洞，我们要做的不是挑战，而是善加运用。人是需要激励的。正面、带有肯定的公关语言，比否定更能促进积极的行为转变。因为人如果在思想上采纳了一个观点，就会搜索其他可能的证据来支持和赞同它，维护心理框架上的一致性。当遇到别人的批驳时，即使事实了然，充满建设性，人们在认知心理上产生的紧张和焦虑，也会首先表现为态度和行动上的抵抗。这在心理学上叫作"确认偏误"（confirmation bias）。所以，辩论并不是说服别人的最好沟通方法。积极的行为转变与受众当时情境下良好的情绪或心理感受直接相关。

当撰写公关稿件时，我们切记不要陷入针锋相对的辩论、批判的陷阱，应减少说服意图的表达，而更多以真实可信的方式呈现信息和故事，吸引受众将认知资源集中到处理叙事元素上。可以适当采取肯定受众的积极语言，对其略加欣赏和赞许，这样会让大家包容你的观点，或者愿意考虑采纳你的意见。在受众对自己形成良好感知后，你才更有可能带动其行为转变。

在充满竞争的行业，应避免公开抨击竞争对手。原因在于，我们希望受众喜爱我们的品牌，心理学支持这样一种观点，即受众期待我们展现积极的一面。多开展正面的公关，重点讲述自己的观点、优势和经验，当人们受到我们正面信息的感染时，他们才有可能对我们的品牌做出有利的判断。我们可以称竞争对手为"友商"，适当做点肯定的评议，这样对手的"忠粉"听到了，也有可能因此改变选择，拥抱我们的品牌。有许多案例证明，某些靠攻击竞争对手上位的"黑公关"品牌，最终往往搬起石头砸了自己的脚。

在发布危机公关的官方声明时，也有一点是需要注意的，那就是不要重复被人误解的负面信息。"关于媒体报道的我们公司 CEO 这次'绯闻事件'，我们的声明是……"错！重复你不想让人们相信的传言（即使加上引号），实际上会增强他们对负面传言的熟悉度，甚至会被理解为这个传言就是真相。消除误解的方法是：善用肯定的力量，依靠令人信服的叙述加强正面的信息，辅之以积极的态度、行动和承诺。

在媒体采访中，记者很可能"挑衅性"地提出一个包含否定陈述的问题。那么发言人在回答时，也不宜复述那个负面陈述，否则会增加记者对你的正面信息的免疫力。更何况，你不会提前知道记者们会如何裁剪你的发言，断章取义的情况时有发生。

共情的力量

2019 年 1 月，北京市西城区一所小学发生一起恶性事件，20 名小学生被学校维修工打伤，其中 3 人重伤。校长跟家长沟通时说"不是被刀伤的"，老师在群里留言说"这件事跟我们现在的一年级无关"，这些言辞在社交媒体上都引发了轩然大波。家长们愤愤不平：学校的回应"看似冷静理性，实则冷漠、冷血"。要知道，在这样的场景下，共情是对话的基础。

如何在人命关天的危机中疏导受众的情绪？行为科学证实，人首先不是理性的生物，触动普通人的是情感和本能，理性发生作用的速度要比情绪慢很多。当受众处在愤怒或者悲伤的情绪中，不要跟他们说理；相比那些愤怒的人，暴露在悲伤情绪中的人会更仔细地阅读新闻，尤其会倾向于相信公司采取的救济行动，并且愿意参与行动。因此，在攸关性命的危机情形下，企业的应对策略可以重点放在受害者身上，重点体现公司的人道关爱、全力以赴和将心比心，以关爱、怜悯诉求来疏导愤怒的舆论情绪。

公关理论的奠基者爱德华·伯纳斯深谙共情的力量。作为弗洛伊德的侄子，他善于利用人们共有的"被压抑的情感或者本能欲望"。他建议利用女性的非理性情感因素，以销售更多哪怕无必要的产品。他还认为，群体的思想特征或者公众舆论的形成，也是受"冲动和情绪所激励"，因此做出过一系列超越个人意识和理性能力的公关策划，促使人们无意识地采纳预设的观念和行为。

在公关、广告、营销中，共情的手法随处可见，但要促成人们的行为转变，仍然障碍重重。经验证实，克服行为阻力的一种共情沟通方法是讲故事。故事会让读者产生代入感，不由自主地模拟再现故事中的场景、人物及其所见所闻、所言所行、所思所想，甚至产生一种与原作者"神经耦合"（Neural Coupling）的共振效应。当人们沉浸在一个故事中时，他们的思维、情感都会集中在故事情节上，对说服性语言会持开放态度。

如何讲好一个故事？诺贝尔奖获得者托马斯·谢林（Thomas Schelling）曾提出一个叫作"可识别的受害者"（Identifiable Victim Effect）的概念——换句话说，人们同一个人建立的关系，要比同一大群人建立的关系好。受众往往对"一个人的故事"更感兴趣，更愿意帮助一个明确可识别的个人，而不是一个需要帮助的群体。一旦故事主人公是一个庞大的群体，故事也就没人关心了。

公关人通常擅长使用文字传播，走"说"（tell）的路线，相比之下，故事有情节、有细节，走的是"秀"（show）的蹊径。其实，大众传媒和社交媒体中从来都是缺乏真实故事的。我关注了一个叫作"真实故事计划"的公众号，其中的许多故事讲述特定世界中挣扎的角色，容易与读者产生"共情"，文字虽长但是篇篇耐看。相比之下，依赖于分析性、逻辑性的公关"说教"性文章，读者往往扫一眼标题、第一段，也就跳过了，效果不佳。

自省的力量

"善待动物，杜绝真皮用品……"为了说服人们采取实际行动，动物保护组织 PETA 做了名为"皮囊之下"的策划：一家皮具店里陈列着精美的真皮商品，路过的人们很难抵御其诱惑。但是，当进店尝试打开皮包一窥究竟的时候，你可能会惊慌失色——皮包之内，竟是一片血肉模糊，一颗鲜活的心脏还在不停跳动！美丽的皮具背后，是无数动物的惨死！

在许多获奖的公关案例中，我们经常见到类似的策划，其衔接的心理学机制，是创造受众的内心冲突，借助自省的力量促使其行为转变。1957 年，美国心理学家利昂·费斯汀格（Leon Festinger）提出了"认知失调"（Cognitive Dissonance）理论。他认为，"认知和谐"的状态是每个人的心理所需，而"认知失调"带来的内心冲突是一种原动力，会迫使心灵去寻求或发明新的思想或信仰，或是去修改已有观念，来重新找到认知的和谐，这样他们就可以反过来改变行为。

英国奥美副总裁罗里·桑泽兰德讲过这样一个故事：土耳其统治者凯末尔·阿塔蒂尔克（Kemal Atatürk）非常渴望土耳其女性抛弃戴面纱的习惯，使其具有现代气息，但是，简单的"禁止佩戴面纱"的命令一定会遭到强烈的抵制而默默告终。于是，阿塔蒂尔克反其道而行之，规定妓女必须佩戴面纱，问题便得到了迅速解决。这是因为，面纱所代表的新的含义与传统观念产生了剧烈冲突，普通女性的"认知失调"导致了行为转变。

另外一个鲜活的例子是 2015 年 9 月，一位名叫艾兰·库尔迪的 3 岁叙利亚小难民，在偷渡途中因船只严重超载而溺亡，当时欧洲各大报纸头条都刊载了这幅照片，小艾兰面朝下趴在沙滩上，仿佛睡着。这幅难民危机中的"最揪心画面",让数以千万漠不关心难民的人,产生了巨大的心理震撼,最终影响许多欧洲国家调整了难民接收政策。一张照片带来的"认知失调",其影响力不亚于一枚"核弹"。

发掘受众自省的力量,公关策划应该首先关注目标受众的现有行为及其原因,以便了解如何应用"认知失调"。比如,"吸烟可能导致肺癌"是一个常识,但在烟民中,"抽烟可以提神解闷"的观念可能更为强烈。只有用一个很好的创意,让吸烟有害的信息强度超过既有观念,下决心禁烟的个人故事才可能真正发生。

我们的终极目标不止于创造认知上的不和谐,而是要从语言到行为带来改变。这可以应用于产品公关中,也可以用于公益募捐中。巴黎奥美曾有一个戛纳获奖案例:一位来自非洲冈比亚的穿着传统服饰的女性,头顶一个20公斤的水桶,走在巴黎马拉松跑步选手中间。这形成了鲜明的对比——马拉松是体育爱好者的一种生活态度,但对于非洲缺水地区的平民而言,马拉松般的运水苦旅,则是生存的残酷现实。这个策划赢得了广泛的关注,也切实帮助当地的平民筹到了打井的善款。这就是好内容的"赢响力"!

后真相时代，
to B 传播怎么做？

赵晓光
奥美北京经营合伙人

已逝的建筑大师贝聿铭曾说过："现在的世界变化很厉害，这就叫乱世啊！乱世也有乱世的好处，越是乱越要走这条路……"用这句话来形容当下的营销传播行业，恐怕再合适不过：世界的日新月异，让消费者越来越难被参透了，营销传播行业本身也在曲折地发展——to C 传播如此，to B 更甚。

在 to B 领域，我们不仅要面对和 to C 类似的问题，更要面对很多特有的挑战：企业要把信息传播给谁？如何才能有效地传播？客户接受程度到底如何？……以前大家往往觉得 B2B 是个"后台"工作，所以时至今日，我们对这些问题还没有明确的答案。

虽然如此，我们不妨遵循贝大师的教诲，试着探讨一下如何在这"乱世"走出一条"明路"。

对谁说？

虽然名为"B2B"，但是无论 to B 还是 to C，传播对象归根到底还是"人"。然而，问题并没有因此变得简单：企业级用户在购买时的考量因素，以及决策流程远比普通消费者复杂得多。例如公司决策者看重长远利益，产品的直接使用者则只关心产品好不好用，而采购部门会问"产品的性价比够不够高？"……想要促成购买，就不得不满足所有人的需求。

在公司外部，咨询公司、行业意见领袖等，也有自己心里的小算盘。更"可怕"的是，以上所有角色会相互影响，忽略了某一个有可能会导致"全盘皆输"。

所以对于 to B 传播而言，准确找到每一个可能最终影响购买决策的角色，掌握每一个角色的实际需求——虽然每个角色所占据的权重不同——才是获得 to B 传播胜利的第一步。

说什么？

我们可以将企业级用户的购买行为总结为五个阶段：品牌知名度与领导力、品牌偏好与考虑、接触与深入了解、购买与转换，以及顾客忠诚度。可以看到，相较于大众消费者的 AIDA 购买模式（Attention, Interest, Desire and Action，即关注、兴趣、渴望和行动），这个流程更长，内涵也更丰富。同时，如之前所说，企业内存在着大量可能影响最终购买决策的角色，从而使得决策流程变得更复杂与漫长，相应地，也就要求传播内容与节点更加多样和丰富。

换句话说，需要针对不同角色分别在上述阶段中定制不同的传播活动，设立相应的传播目标，实现精细化的分层传播，最终促成客户购买与忠诚。以下以通信行业为例，示意一个面对不同人群的分层传播流程。

需要注意的是，根据企业的实际情况，如时间、预算、品牌所处生命周期的不同，图中的步骤不一定需要依次进行，也可以同时进行或者挑选一部分实施。

怎么说？

《牛津英语词典》2016 年评选的"年度词汇"为"后真相"（Post-Truth）。何谓"后真相"？看看我们当前所处的世界就不难理解：在国外，美国总统"推特治国"、英国脱欧、社会撕裂；而在中国，热点"反转"不断上演……这些都显示出，如今我们对于事实的认知并不是以切实了解为基础，而是建立在了解的过程、方式上，这个过程便是预设的真相。

在这样一个反常规、反客观、毫无规律可言的"后真相时代"，产品主导型的销售已经不起作用了。这时，一些大品牌便迎来了品

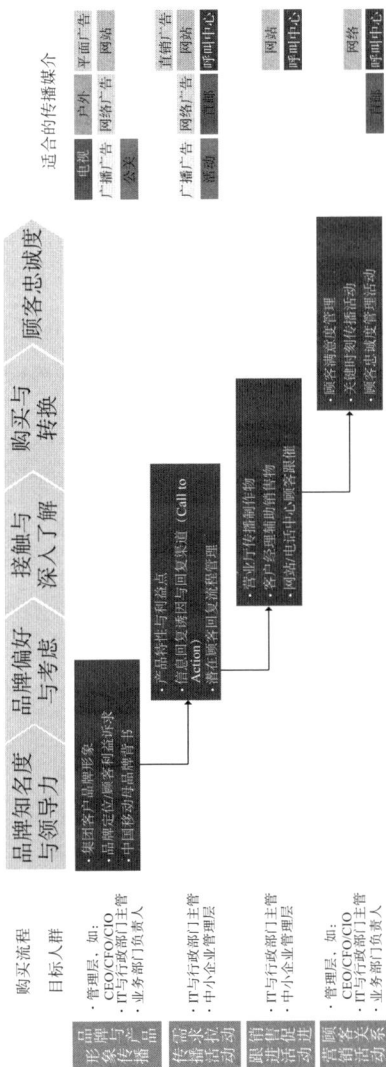

面对不同人群的分层传播流程（以通信行业为例）

购买流程	品牌知名度 与领导力	品牌偏好 与考虑	接触与 深入了解	购买与 转换	顾客忠诚度	适合的传播媒介
目标人群	·管理层，如： CEO/CFO/CIO ·IT与行政部门主管 ·业务部门负责人					电视　户外　平面广告 广播广告　网络广告　网站 公关
	·IT与行政部门主管 ·中小企业管理层					直销广告 广播广告　网络广告　网站 活动　邮件　呼叫中心
	·IT与行政部门主管 ·中小企业管理层					网站 呼叫中心
	·管理层，如： CEO/CFO/CIO ·IT与行政部门主管 ·业务部门负责人					网站 邮件　呼叫中心

品牌与 形象与 产品 信息传播

传播活动 传播与 需求 活动

跟进与 营销 活动 促进

顾客关 营销 系活动 活动

·塑造客户品牌形象 ·品牌定位与顾客利益诉求 ·中国移动与品牌背书

·产品特性与利益点 ·信息回复反馈因与回复途径（Call to Action） ·潜在顾客回复流程跟催

·管理与传播制作物 ·客户受理和购销情催 ·网站/电话中心顾客跟催

·顾客满意度管理 ·关键时刻制作传播活动 ·顾客忠诚度管理活动

牌转型期。如果能把握住这个风口，审时度势地进行调整，相信大家会遇到一些前所未有的机会。

在传播层面，如何把握住这样的机会，进行有效 to B 传播呢？在此，我们梳理了 to B 传播中的五大成功关键元素，即核心内容（key）、创意（idea）、吸引眼球（wow）、完整故事（story）以及深入人心（human），它们之间的逻辑关系如下图所示。

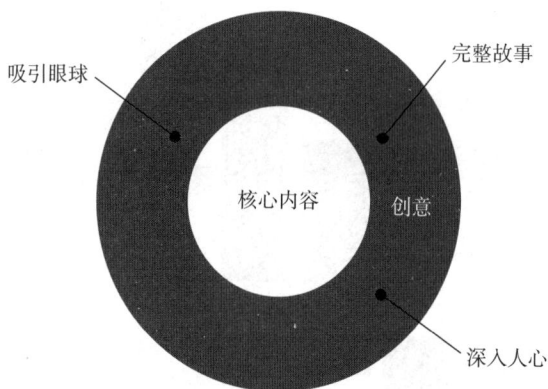

- 核心内容：提炼出核心内容
- 创意：延展出具象化的创意
- 吸引眼球、完整故事、深入人心：基于以上二者，打造传播的亮点

to B 传播中的 5 大成功关键元素

在后真相时代，学会"说人话"

如今，消费者不在乎企业的商业目标、实力强大与否，他们更期待看到的是"一个伟大品牌为每个人、每个家庭，甚至是每个民族、国家带来的变化"，也就是品牌背后的"大理想"。

然而，"大理想"并不意味着"说大话"。建立"品牌大理想"的目标，是在瞬息万变的世界中，指引品牌呈现出企业最真实的一面。如何才能更好地实现这一目标？简单来说就是"说人话"，真真正正地把传播对象当成人，用每个人都能理解的方式把故事讲完——这是最根本的，也是在如今的很多传播活动中被忽略的。

希望每一个企业、每一个人，都能找到属于自己的品牌大理想。

PR 与 PA 之间，
只隔了一个 insight

张浩玮
奥美北京前副总裁

多年前刚加入奥美的时候，奥美还没有整合。我花了一些时间才弄明白，自己是 WPP 麾下奥美之 PA team（公共事务团队）的一员。作为一名离开政府部门不久的前公务员，那时候的我既不知道奥格威是谁，更对所谓 Public Relations（公共关系）究竟是什么完全没有概念（这样的人也敢招进来，奥美就是这么多元和包容），所以在和同事，特别是外籍同事对话时常常会出现一些让我感觉莫名其妙、对方也一头雾水的情形：

"我们最近接触了一个新客户，你给看看他们和哪个政府部门相关呢？"
"……（相关的多着呢，我都给你列出来吗？）"

　　"这个行业，你能从政府角度给点 insight（洞察）吗？"

　　"你需要什么样的 insight？"

　　"……（我知道了还来问你！）"

　　那时候的同事们，辛苦你们了，虽然我从你们的眼神中感受到了掩饰着的鄙视。

　　通过不断在不理解中加深理解，我终于对这个行业，以及行业的术语有了一定的了解。随后我就发现，自己也可以反过来鄙视一下那些曾经鄙视我的人了。PA 当中也有一些让人似懂非懂的词，今天就拣几个聊聊……

有关部门

　　这是一个非常有意思的词汇，网上也有不少这方面的段子。有关部门究竟是哪个部门？答案可以参考外交部前发言人耿爽在一次外交部例行记者会上的说法：有关部门当然就是有关的部门了，无关的就不能称为有关部门。

　　其实，我们提起有关部门，通常情况下指的是主管部门，也就是对某一项议题的管理负主要责任的政府部门。在中国的治理结构当中，各项事务都有相应的政府机构负责管理，比如国家能源局负责能源发展规划和能源产业政策，生态环境部负责生态环境政策和规划的制定与实施，工业和信息化部负责提出国家工业发展战略与规划等。看上去似乎每个政府机构都分工明确，然而事物的复杂性导致大多数时候一个议题会涉及多个不同的部门，比如新能源车行业的发展，就可能同时涉及国家能源局（规划和发展充电桩）、生态环境部（减排与污染防治）、工业和信息化部（汽车行业、电池行业发展）等多个不同部门。在这种时候，各个政府部门之间通常会按照各自的职责，对于具体议题界定出某一个部门作为主管部门，负责统筹协调议题的相关事项，这个部门和其他所有涉及这个事项的部门，都是这个议题的有关部门。①

所以 PA 在接到客户的需求时，一般会先做一件事，就是制定工作路线图（mapping）。这个路线图有些类似于我们公关策划中的目标受众 / 利益相关方分析，既是 PA 的一个产品，也是为客户提供策略服务的基础。我们通过这项工作来梳理清楚客户所关切的核心议题涉及哪些"相关部门"，谁是牵头部门，这些部门对于这个问题的基本态度是什么，不同部门之间的观点是否一致，他们如何做出最终的政策决策。

---

① 此处提到的政府机构职能、负责的领域都是简化版以助理解，现实中政府部门的职能划分要复杂得多。

工作重点

说到不同部门对同一议题的观点，有一句"名言"（戏言）经常被提及——屁股决定脑袋。处在不同位置上的人，往往会有着各自的重点诉求，他们对于同一个议题往往有着不同的思考角度和关切点。所以不同的政府部门，在面对同一件事情的时候，所抱持的态度也有可能不同，有时候甚至可能有较大的差异。这时候，我们就需要对不同部门的工作重点有所了解和判断。

我多年前曾经做过一个关于机动车排放国家标准的项目。在调研中就可以感受到，当时的环境保护部，以及与环保相关的科研机构，比如环境科学研究院，主要考虑的是通过推动汽车排放国家标准升级，改善空气和环境质量。而对于汽车制造业、燃油及燃油添加剂生产企业来说，机动车排放标准的变化对生产技术、制造工艺、新产品研发，甚至商业战略都会带来重大影响。所以，相关的主管部门必须从产业的角度对这一议题进行考虑。由此可以看到，这两者的考虑重点存在很大的差异，但是两者最终的目标其实是一致的——正是通过这种多部门的联动，对同一问题进行多角度思考，才能寻找到更加客观、更加平衡和符合全社会整体利益的最优解决方案。

由此可见，政府各个部门对同一议题的关切点，同时具有一致性和差异化，最后形成的政策往往是一个综合多方意见之后的结果。我们在做 PA 顾问咨询的时候，必须弄清楚不同利益相关方的关切点是什么，并且要多思考、多考证、多了解，全盘综合思考，这样才更有可能接近真实情况，为客户提供有价值的建议。

相关规定

如果要给"有关部门"找一个下联，估计很多人会想到"相关规定"这个词。相信不少人曾经有过类似的疑问，如果某位领导表示"这个问题请有关部门根据相关规定来处理"，那他究竟在说什么呢？

我们前面一再提到政策，做 PA 离不开研究政策，而"政策"本身就是一个比较宏观的概念。在不讨论国家大政方针政策的前提下，我们需要研究的政策，其实在广义上包括了政策、法律、法规，这些和俗话说的相关规定高度重合。政策、法律、法规的概念有什么区别？我们从立法和行政的角度做一些简要的探讨。

政策更像是政府机构的执政思路和方向，其外化形式包括规划纲要（如《交通强国建设纲要》）、指导意见（如《国务院办公厅关于加快发展流通促进商业消费的意见》）、批复决议（如《国务院办公厅关于成立国务院根治拖欠农民工工资工作领导小组的通知》）等。政策体现了政府在一定时期内的工作计划和重点。

法律、法规是政府执政和行动的依据与规范。从我国的国家权力关系上来看，全国人民代表大会和地方人民代表大会是国家的权力机构，政府（包括国务院和地方政府）是在人民代表大会监督下的行政机关，对人民代表大会负责。按照制定发布的主体不同，我国的法律法规通常分为以下几种：由全国人民代表大会颁布的称为法律，由地方人民代表大会制定的称为地方性法规，由国务院按照相关法律和人民代表大会授权制定的称为行政法规，由国务院组成部门以及具有行政管理职能的直属机构（也就是我们日常所说的国家部委和国家局）制定的称为行政规章，由地方政府（一般是省、自治区、直辖市政府）制定的称为地方规章。这些法律、法规在内容上从原则到实操、从宏观到微观，明确了政府的执政行动方向、职能权力范围和处理具体事务的工作流程。

对于 PA 的工作来说，对政策进行了解和研究是必选项，如果想要真正为客户提供一些解决具体问题的建议，对相关法律、法规的深入研究也必不可少。在实践当中，我们的相关规定往往浩如烟海，如何发现和解读，就因事而异了。

说来说去，其实 PA 和 PR 在本质上有很大的共性，都属于沟通，政府公职人员也是人，和我们每一个人并没有那么大的不同。只是 PA 的目标受众确实有其独特性，而且政府机构的特殊性质决定了很多时候外界对它们的了解也许不够全面和准确，甚至存在误解。PR 与 PA 之间所差的，可能就是那一点点关于政府的 insight。

与危机共舞：
危机管理 DISCO 原则

王馥蓓
奥美台湾董事总经理

近年来，全球各地都笼罩在危机事件频传的阴影中。现今的社会氛围，让我们不得不承认，危机管理似乎已成为今日公关传播的显学，企业主管的一门必修课。

为什么会有这么多危机事件？全球消费者意识高涨，普遍对企业有更高的期待值，以及更透明化的要求，再加上社交网络的推波助澜，这些都是危机事件快速增长的原因。另一方面，企业迅速扩充成长，造成管理面的完善度不够，也导致危机事件不断发生。

危机管理的困惑

根据笔者的观察，无论是哪种因素导致危机的发生，企业在面对突如其来的危机事件时，经常产生下列五大困惑。

1. 公关主管层次 vs. CXO 层次

现今还是有许多企业认为危机是公关主管的责任。事实上，公关经常是危机的最后一道防线：事件发生时如何较好地进行沟通善后。今日，企业必须将危机管理视为 CXO 的责任，最好是 CEO 的责任，通过分层负责且系统化的机制，把"日常管理议题"（例如消费者抱怨、合约纠纷等）在组织内部妥善地通报与管理，才能防患于未然。

2. 冗长决策 vs. 立即反应

在实务上，我们遇到太多层层上报的决策程序，让原来的星星之火变成森林大火。这真的无法改变吗？当地企业主管平常就应教育总部主管，对于地方风土民情要有一定程度的了解，并更积极地争取可能被授权的发言范围。这些做法都有助于在第一时间进行危机沟通。毕竟在与时间赛跑的危机事件中，企业的反应速度常常会左右人们的观感。如何在决策程序与民众观感之间进行取舍与平衡，的确考验企业经营者危机管理的智慧。

3. 沟通行动 vs. 管理行动

现今还有很多企业高层认为，危机处理只要认错道歉，就可以云淡风轻。事实上，企业道歉不是危机处理的唯一方法！人们要的是事实真相、处理经过与具体行动，而不是空泛的公关话术。在面对危机时，所有的传播行动都必须有具体的管理行动做后盾，才有足够的力量说服人们。

4. 媒体记者 vs. 利益关系人

另外，媒体记者也绝非危机沟通的唯一对象。太多还未爆发、未被媒体公开报道的潜在危机，如果可以适时地与政府、消费者、员工或是商业伙伴沟通，常常可以大事化小、小事化了。如果事件爆发至大众媒体，企业必须思考哪些是关键的沟通对象，以及沟通的优先顺序等。

5. 当下 vs. 未来

当危机发生后，许多企业总是看到当下而没有看到未来。在当下，如何让危机尽快终结固然重要，但更重要的是未来：企业未来如何避免类似事件再发生？管理系统应有哪些改善？企业经营者应以更为宏观且长远的角度思考危机管理，而并非"头痛医头，脚痛医脚"。

危机管理 DISCO 原则

　　至于当危机真正来临时，企业应有哪些应对原则，我们以"危机管理 DISCO 原则"，并搭配实际的案例进行说明。

- 沟通行动与管理行动双管齐下
- 在第一时间做出对的回应
- 决定并判断利益相关者的沟通优先顺序
- 控制发展状况
- 负起应有的责任

　　这些案例大多为笔者从报纸杂志上，观察并分析企业或组织危机处理，所总结出来的心得。另外部分案例则为笔者的亲身经验，为保护客户以匿名方式进行分享。其中有些案例虽时日已久，但典型性和参考意义仍在。

D：沟通行动与管理行动双管齐下

　　在危机发生的第一时间，在采取沟通行动前，企业应思考：我们必须采取什么样的管理行动，才不会让损失继续扩大，或者可以立刻停止危机？

　　以两岸经常发生的食品安全危机为例。在发生这类危机时，企业通常第一时间要思考的管理行动是：是不是要送产品检验？在结果出来前，是否应该先让商品下架？如果真的证实产品有安全隐患，该如何让消费者退货？或如何赔偿消费者？这些都是具体的管理行动。企业或许无法马上回应所有问题，但至少需要有部分管理行动，再辅以具体的沟通行动，双管齐下才能对危机处理有所助益。

　　以 2014 年上海福喜食品肉品过期事件为例。当年 7 月 20 日，东方卫视于《晚间新闻》报道该公司大量采用过期肉品，并销售给肯德基、麦当劳、必胜客等连锁店。当天晚上，麦当劳与中国百胜就以声明稿进行回应。

声明

　　对于东方卫视关于上海福喜的报道，麦当劳高度重视，第一时间通知全国所有餐厅，立即停用并封存由上海福喜提供的所有肉类食品。同时，公司立即成立调查小组，对上海福喜及其关联企业展开全面调查，并将尽快公布结果。食品安全是麦当劳的重中之重，为确保消费者放心享用，麦当劳始终严格遵守国家法律法规和相关标准，对于供应商的行为准则有同样的要求，对于违法违规行为零容忍。

麦当劳（中国）有限公司

2014 年 7 月 20 日

声明

　　中国百胜高度重视关于上海福喜食品有限公司的相关媒体报道，已经要求旗下肯德基、必胜客餐厅即刻封存并停用由上海福喜提供的所有肉类食品原料。

　　百胜视食品安全为第一要务，绝不姑息供应商的任何违法违规行为。百胜已经即刻展开对上海福喜的调查，并将积极配合相关政府部门的工作。

　　停用上海福喜供应的肉类食品原料，将涉及肯德基部分餐厅的两款早餐产品，芝士猪柳蛋堡和香嫩烤肉堡出现短期断货情况。而必胜客的岩烤得克萨斯风味牛肉也会出现临时断货情况。我们已经紧急调配其他供应商资源，尽快恢复供应。在此期间给消费者造成的不便，我们深表歉意。

中国百胜

2014 年 7 月 20 日

麦当劳与中国百胜的声明

　　这两篇声明稿至少都将"企业立刻采取的管理行动"，也就是"封存与停用上海福喜提供的所有肉类食品原料，并且成立调查小组"作为主要陈述，而非只是堆砌过多空泛的话术。

　　不过，百胜的声明稿显然更胜一筹，清楚地表明受影响产品（如肯德基芝士猪柳蛋堡与香嫩烤肉堡），以及替代的方案（紧急调动其他供应商资源），并对给消费者造成不便表达歉意。

　　这份声明稿除了显示百胜管理上轨道，可以迅速查出产品，并且可调货供餐，公司对危机有一定程度的掌握之外，还让消费者不会过度恐慌。

I：在第一时间做出对的回应

　　至于究竟多快进行第一时间回应？在社交网络还未如此发达前，危机公关教科书都会说"危机处理的黄金二十四小时"。但面对现今社交网络消息泛滥的时代，人们根本等不到二十四小时。企业很可能在无法掌握所有事实之前，就必须被迫面对外界展开初步的回应（马航空难即是一例）。

　　因此，第一时间的回应有可能是一小时后，甚至是即刻的反应。毕竟当危机发生时，速度就是一切！第一时间沟通，对外界观感会产生相当大的影响！无论是以声明稿、媒体采访，还是脸书或微博的一段文字形式进行回应，都有助于后续的危机处理。

一般而言，企业在第一时间进行回应时，需掌握下面三大重点：

- 永远将民众健康和安全作为第一考量
- 秉持在意、诚恳且审慎的态度
- 虽然企业无法"知无不言"，但至少需沟通"发生什么事"，以及"正在做什么"

S：决定并判断利益相关者的沟通优先顺序

在许多时候，企业处理危机经常第一时间想到的沟通对象都是媒体记者，反而忽略了与其他利益相关者的沟通，例如政府部门、渠道伙伴等，其实它们对危机往往有更重要的影响力。

所以，当重大且复杂的危机事件发生时，企业必须立即判断：谁是事件的利益相关者？沟通优先顺序是什么？如何通过各部门分工合作完成沟通行动？

几年前，奥美曾协助消费性产品公司连续数日处理危机，在危机发生初期，就与该公司总经理判断重要利益相关者：渠道伙伴、消费者、政府部门、员工与媒体等。然后，客户总经理每天会与各部门主管，也就是危机管理小组，以晨会的形式，分析事件现况并立即进行管理行动决策，如产品回收、退货安排等，并将这些管理行动决策书面化，撰写为沟通文字与 Q&A（问答）。随后，危机管理小组会决定与哪些利益相关者进行主动或被动沟通，再由各部门分工合作进行沟通，并且立即汇报，以充分控制危机发生状况，避免危机蔓延或扩大。

另外，根据过去的经验，企业处理危机常会忽略内部沟通，让员工从报纸上看到公司处理的状况，产生不必要的误会。事实上，在面对重大危机时，员工经常也会有来自家庭或合作伙伴的压力，导致士气低落无法正常工作。因此，做好内部沟通有其必要性：让员工知道公司没有做坏事、媒体有可能以偏概全地报道，以及公司正在努力的方向等，这些都能让员工对公司有信心，有助于未来危机后的品牌修复工作。

C：控制发展状况

在危机管理过程中，最难的部分是不仅需要针对危机现况进行回应，更要思考决策对于后续发展的影响。这当中包括：若依照目前的决策，预计一天或数天后危机可能会发生怎样的演变？最差的状况、最有可能的状况、最好的状况可能是什么？在道歉记者会之后，是否有可能终结危机？企业经营者必须多思考几个步骤，或是几天后的状况，才能有效控制危机，不至于一直被危机追着跑。

在台湾，许多企业常常会在危机难以控制的时候，才不得不跑出来举行"道歉记者会"，但大多都已经无法挽救对企业商誉造成的负面影响。在十几年前，金车公司就反其道而行，在外界尚未知道该公司产品有问题前，主动通报管理部门，并且召开道歉记者会，说明具体的管理行动（请参考"金车危机管理事件案例"）。最后，该公司不仅重拾消费者的信心，也让事件对商誉的影响降到最低。

金车危机管理事件案例

发生什么事？

- 2008.09.15
    - 大陆坦陈数百吨遭到三聚氰胺污染的奶粉已输入台湾地区
    - 台湾卫生管理部门会同检调单位追踪奶粉流向
    - 金车采购部门担心产品受污染，主动将从大陆进口奶粉送检
- 2008.09.18
    - 检验室证实该批奶粉已遭三聚氰胺污染，金车主动要求重验
- 2008.09.19
    - 食品工业研究所再次化验该批号奶粉
    - 金车成立危机处理小组
- 2008.09.20
    - 食品工业研究所再次确认金车八种产品已检出含三聚氰胺
    - 金车决定 9 月 21 日早上主动通报台湾卫生管理部门，并决定采取必要行动

关键的 9 月 21 日

- 08:30　金车拿到食品工业研究所检验报告，直奔台湾卫生管理部门
- 09:30　台湾卫生管理部门与金车决定分别召开记者会，告知社会大众
- 13:00　台湾卫生管理部门记者会：公布金车八种商品遭三聚氰胺污染
- 15:00　金车记者会
  - 企业立场：全面负责，表达歉意
  - 沟通信息
    - 发生什么事：由大陆代工产品被验出含三聚氰胺
    - 采取什么行动：对消费者表达歉意、第一时间报告卫生管理部门，以及全面下架、开放退货
    - 如何避免危机再次发生：未来严格把关管理供应商，并且决定再上市采用全新包装

O：负起应有的责任

最后也最重要的部分是，企业经常会在危机管理的过程中，遇到外界追究责任的压力。在重大危机中，特别是与人命相关的事件中，所谓的责任经常是在正式法律责任尚未有定论之前，利益相关者就会先有其价值判断，认定企业应该负起的责任，也就是应该有的作为。

在许多情况下，企业面对如同社会公审般的责任问题，经常会遇到情理法三者的优先考量与平衡处理。"情"指的是社会期待企业负的责任，"理"是企业完善管理应负的责任，而"法"则是法律约束企业应负的责任。

许多发生危机事件的企业或许在法律上没有责任，但是在理与情的层面，能为受到影响的消费者或是大众，多付出额外的行动以确保类似事件不再发生，也不失为化危机为转机的重要方法。

在过去协助企业处理危机事件时，除了提醒企业未来要做好自我管理外，例如食品安全的溯源管理、工厂安全或环保管理等，我也会建议企业投入额外的资源，增进产业对于该项专业的强化管理或进行专业人才的培养，或者以公益形式，投入大众教育或弱势群体的协助。这些虽然不是企业一定要尽的责任，但至少代表企业愿意从情理的角度出发，为社会多做一些事。

小结

上述 DISCO 原则主要提供企业发生危机时，经营者决策思考的参考依据。由于危机事件或企业文化不同，面对危机处理的重点也会有所差异，这是企业管理者必须审慎思考的部分。

总之，危机就是转机！对许多企业管理者而言，危机发生当下的痛苦与压力，实为难忘的管理经验。当危机过去之后，企业千万不要就此打住，反而应该将危机视为企业在管理上的一种修炼，赶快上紧管理发条，让类似事件不再发生。这才不枉费这堂昂贵的危机管理课！

变种危机来了，
如何面对处理？

王馥蓓
奥美台湾董事总经理

这几年，台湾许多组织纷纷中箭落马，补修危机管理这门课。相较于天灾、人祸等传统危机，一些危机事件形态推陈出新、变化多端、演变快速，可被称为"变种危机"。

变种危机的本质

从变种危机的造成原因来看，虽然不见得是企业做了伤天害理之事，但总让人觉得有点不对劲。这些企业通常触动代际价值差异、文化理解差异，甚至政治认同差异。从危机蔓延速度来看，由于直播、短视频、社交推波助澜，这些事件通常不用一天，就可以造成很大的社会影响。从危机处理的方式来看，企业管理者可能还没搞清楚事情的来龙去脉，就已经带动社交媒体的舆论浪潮，被网友们逼着要尽快道歉灭火。

面对变种危机，企业必须认清一个事实：危机事件通常与对错无关，而是与社会观感有关，其实就是人们对企业的品牌印象分数。企业过去是否维持一定程度的透明度？企业平常是否常与利益相关者对话？面对危机，企业是否都言不及义？这些都是社会观感。

事实上，处理变种危机就是处理社会观感。那"社会"到底是什么？就是各种各样利益相关者的统称。批评企业的人未必是购买企业商品的人，购买企业商品的人未必是批评企业的人，当然也有可能是既批评又购买的人。因此，在处理变种危机时，认清煽风点火的人，再决定是否出手，也是很重要的原则。

稍安勿躁，先观察社交风向

理解了变种危机的本质后，企业该如何面对？当变种危机如同狂风暴雨般来袭时，先别急着回应，观察社交风向才是上策。除了观察社交媒体讨论数量与民意正负意见比例，也要找出重要意见领袖（不见得是名嘴）是否也投入发言，粉丝团铁粉是否有松动，等等。这些都可以作为危机回应时机选择的重要依据。

我过去曾协助某国际化妆品牌处理两岸三地的代言危机。危机起源于该品牌在香港找了具特定政治倾向的活动代言人，引起大陆网民的强烈批评抨击。随后，香港客户决定停止代言活动，却又引发香港、台湾、大陆两岸三地媒体更大舆论对战，甚至在香港还引发消费者抗议、拒买行动。

站在台湾客户品牌经营者的立场，他们无法回应台湾媒体意识形态的讨论，却又担心影响消费者对品牌的观感，甚至百货公司渠道的销售状况。在此情况下，我们给予客户的建议是"先稍安勿躁，观察社交风向"，并从"量 × 质"两个角度分析。

从量来看，此事件社交讨论的声量是与时俱增，还是逐渐下降？如果与"时"俱增，主要讨论素材来源是原先的媒体报道、新的香港事件信息，还是台湾当地新的信息？这些数据资料让品牌掌握事件演变，可以从宏观的角度了解危机的进展是否有越演越烈的状况。

从社交讨论品质来看，观察的重点在于是否有政治人物、名嘴、网红等发言？他们发言的内容是单纯评论事件本身，还是牵涉任何行动，如拒买品牌、到专柜抗议、打电话退货等？如果有任何牵涉行动的部分，我们会第一时间告知客户，进行相关的准备工作，以避免事态扩大。

当然除了社交观察之外，在这段时间也提醒客户几个重点的指标：专柜的来客数、网络与电话客服的数量、自营粉丝团的评论、销售数字等，这些一并作为判断事件对品牌销售的影响，并评估日后是否需要进行品牌复原的依据。通过"以静制动，观察至上"策略，让台湾客户平安度过近两周的变种危机风暴。这个案例也说明，面对变种危机，有时候稍安勿躁，不行动可能比行动更重要。

道歉非万能，行动才重要

当然，有些变种危机需要企业回应，才能大事化小、小事化了。虽然引发危机的原因不见得是企业做了什么错事，但企业仍要做出回应让舆论反转，而不是火上浇油，这的确考验企业的智慧。

首先，面对企业变种危机，道歉并非万灵丹，行动才重要。许多企业管理者常认为危机只要道歉就可以结束，这样的想法其实过于简单。道歉只是展现危机管理的态度，让人们愤怒的情绪有出口，但并没有真正解决问题。对消费者而言，更重要的是具体的商业行动。企业将采取什么行动弥补错误，又或者让类似事件不再发生？

美国星巴克种族歧视事件曾引发社会的批评浪潮，甚至有人发起拒买活动。星巴克首席执行官凯文·约翰逊（Kevin Johnson）采取大动作，在事件发生24小时之内即宣布全美8000多家门店将在五月底关门半天，让17.5万名员工接受"了解种族偏见"教育训练。这就是非常具体的商业行动，不仅具有诚意也处理明快，可以快速防止危机蔓延。

另外，回应危机时必须善用自有媒体、新闻媒体、广告媒体。现今的危机处理面对的是庞大媒体信息量的环境，速度快、分众多、信息也多，无法只用一篇好的声明稿处理，必须要通过自有媒体、新闻媒体、广告媒体等完整的渠道，方能让广大民众看到。例如通过脸书或微博说明经过并道歉，通过媒体新闻稿或采访说明，又或者购买关键字、广告等，让更多人了解企业解决问题的诚意与行动。

2018 年，英国肯德基的广告获得戛纳公关奖，这是一个很好的案例。因为物流问题，许多英国肯德基店面无"鸡"可卖，900 多家分店中有 600 多家被迫暂时歇业。为了向失望民众表示歉意，肯德基特别在英国《太阳报》(*The Sun*) 与 Metro 日报刊登整版广告，"KFC"商标也被逗趣地改成"FCK"。肯德基在道歉启事中自我揶揄："一家没有鸡肉的炸鸡店。这不太理想。向我们的顾客道歉，特别是那些来到门店却扑了空的客人。"

此举展现了肯德基承认错误的诚意，提供清楚的信息给消费者，甚至感谢供应商与员工的努力。当然，肯德基也运用幽默的创意，自我解嘲了一番，让消费者又好气又好笑。通过广告媒体的创意，再加上自有媒体与新闻媒体渠道的推波助澜，肯德基的案例提供给公关从业者另一个更具创意也更全面的思考角度。

小结

　　无论喜欢不喜欢，企业都必须正视变种危机随时发生的可能性。企业未必做错了什么事，但挑动了人们最敏感的价值差异神经。面对这种类型的危机，企业必须跳脱对危机的传统思考架构，观察风向、掌握速度、决定内容、善用全沟通渠道，这样才能真正化危机于无形。

公关并非只求说得好，更要做得好

吉霄雯
奥美深圳副总裁

　　相对轻松的一天，晚上突然被微信那叮咚一声打破内心的宁静。客户转发来一条新闻，并定义说："有人黑我们，请公关同事高度关注，启动危机管理。"我摩拳擦掌，心想又来了新生意，赶紧打起精神去接客，结果一打开新闻浏览，发现通篇说的是这个客户的售后出了问题，几个消费者都因得不到妥善的解决而对这个品牌有怨意，文章的作者严肃提醒，这个品牌若想未来长久立足、提升销量，应注意产品质量或改善售后服务。

　　读完后回到微信群，里面已经炸开了锅，其中一个营销专员说"黑稿，揪出作者"，一个说"肯定是×××（竞争对手）收买的写手"，还有一个说"回击×××（竞争对手），赶紧写稿去黑他们"……反正"随口一说"不用负责任，"意见"狂欢来泄愤。我希望自己的提问能让群中冷静下来，问："这篇文章报道的内容都属实吗？"没人理我，大家还沉浸在语言杀人的快感中。我又问："我们的产品是不是确实存在文章说的质量问题？"说罢，我去产品的淘宝旗舰店，截取了几个买家的评论，因为买家反馈和这篇文章报道的质量问题如出一辙。这一次，群里刚才那不说不疯魔的架势，稍有冷却。有个营销经理说："嗯，这个问题嘛，其实是行业的普遍问题，每个品牌都会出现类似问题。""那这篇文章报道的我们的问题，就不能说是捏造咯？"我紧追不舍。"既然每个品牌都会有，就是行业普遍性问题，单独把我们拿出来放大说，就是有针对性。"无法理解其中逻辑：人人都错，我错就不算错；人人都错，拿我说事就是目的不纯，给我穿小鞋。

"那针对这些售后投诉，我们采取解决办法了吗？"我忍着"讲逻辑"的情绪，继续追问。又是几秒钟的沉默后，有人回答："这是市场部需要解决的，我们无权去要求和干预市场部的工作啊。"听完后，我没再多说一句，我觉得这场对话无法继续。我没有响应需求，给出危机处理建议，因为我确信我那所谓的需要各个部门"协同处理""规范售后"的建议根本无法执行。我更没有响应需求去"回应"那个看上去的"黑稿"作者，因为觉得这篇文章是"黑稿"根本是"阴谋论"作祟的无稽之谈。

这件事启发我去思考的是，大家如何看公关？如何认识危机处理？如今，大部分企业找公关，潜在的认知是：公关不同于做广告，不需要大批的预算做支持。于是，花小钱办大事也就成了企业对公关的期望。在这些企业看来：做得好不重要，说得好很重要；做得少没关系，说得多是一切。而实际上，危机处理首先需要自己反省改善，特别是售后问题，牵扯到产品质检、送货流程、售后服务体系等多个环节。当媒体报道和电商平台留言都集中指向一个问题时，内部跨部门讨论协作是必不可少的，这才是解决问题的根本态度。如果只期待公关行为去"堵上坏人的口"，或者"虚说自己的好"，而在内部改善上不作为，这样的公关传播、这样的危机处理，是一种空口妄言，违背了公关的本质。

不要把公关理解成：反正说得好，所以可以弥补做得不好。而应考虑：因为要说得好，所以必须先做好。中国先哲一直倡导的"勤行慎言"，为何在今天的环境中被本末倒置？从企业对公关的认知来看，我觉得有几个层面值得关注。

第一，对公关部门的定位和支持问题。在大部分组织内部，公关是一个协调部门，附属在品牌部或者营销部，听命于这两个部门的指令，在"自己的范围内"解决问题是公关工作遵循的"基本原则"。所以当提出需要销售、售后、培训，以及品牌整体的一些支持时，大部分人会开启"趋利避害"的思维模式，"简单甚于正确"成为这种思考模式的直接产物，那些"表面有效又不麻烦别人"的解决方案成为首选。所以在上述案例中，你想要求品牌和售后一起配合来处理危机，这事没人搭理。但你要提出删稿或者揪出黑手、以牙还牙，客户一定拍手称好。

第二，从对品牌口碑的重视程度来看，中国企业目前大部分仍处于求生存阶段，"卖得好"是所有工作的基本出发点，能对"卖得好"起直接作用且立刻见效的行为才会被纳入传播推广的最高等级，否则你去引导"品牌大理想""企业社会责任""发言人制度建设"等和企业声誉管理息息相关的部署，都会被当作无聊的闲扯。"抬头看远方，低头勤努力"对于销售导向的企业，是一句不屑的道理。

公关，不是一个徒有其表的言辞包装，而是因为要"嘉言"，所以更要督促自身有"德行"。如果你也认同这个道理，希望作为管理者的你，哪怕不停堆积"仓廪"，也愿意多识"礼节"；希望作为员工的你，哪怕抱有"少事"心态，也能尝试冲破"自我区域"的藩篱，让做比行多走一步。

策略与创意的
灵犀相通

晏创业
奥美北京策略总监

> 策略和创意犹如一对夫妻，要想做到"夫妻同心，其利断金"，必须找准相处之道！

一个工程队要开凿一条隧道，因为工期紧、任务重，工程队兵分两路，从山的两头分别作业，以期在山体中间顺利会师，贯通隧道。然而，真实情况非常不遂人意——两路人员都只在埋头苦干，不期两路方向已经悄然发生偏离……

此类现象在协同作业中屡见不鲜，这不，在一个营销项目中作为策略的我和创意团队也遇到类似的麻烦。原本是为了抢上市时间，在简短的协商之后，策略便和创意分头行动。我们在联合客户服务（Account）团队向客户呈现解决方案时，发现策略和创意若即若离，"两张皮"状态非常明显。

这个项目给我们当头一棒，过后虽做了许多补救工作，终归是欲速不达、事倍功半。"前世之事，后事之师"，借项目总结之机，我想站在策略的角度探讨一下策略与创意的协同模式问题。

剖析策略和创意这对"夫妻"的几种处事模式

在我看来，面对一个营销项目，策略和创意就是一对夫妻，需要同心协力地去推进项目，满足客户诉求。当然，夫妻间难免会有分歧，虽然有客户服务这个勤奋的调解员从中斡旋，但二者之间的有些分歧终归还是需要局内人自己去解决。

那么在实际项目中，策略和创意有哪些处事模式？各自的利弊又是什么？

甜蜜捆绑式：荣辱相知，共同进退

在我经历的一些项目中，策略和创意堪称一对模范夫妻，几乎共同出现在所有地方：一块接客户的工作简报，一块协商大小事情，一块出席中间讨论，一块去给客户汇报……可以说是荣辱相知，共同进退。

对于这样一对甜得发腻的夫妻，理应是业绩楷模，是策略和创意合作的正确打开方式。但甜蜜夫妻也有自己的苦恼。寻找苦恼的根源，需要从认清策略和创意各自的职责入手。

　　虽然从项目的角度来说，策略和创意是利益共同体，但各自的职责却是有界限的：策略是一个掌舵手，要基于对宏观环境、目标市场、核心竞品、自身和目标用户的深入洞察，找准项目开发的方向，这些也是创意延展思维的方向；而创意则是一个划桨手，能敏感地领会舵手传递的方向信息，有技巧地划桨，使得项目这条船获得最大的动力，并驶向目标。

　　其实，即便是掌舵手和划桨手之间这样亲密合作的伙伴，也是有承接关系的。掌舵手需先发出方向信息，划桨手才能及时跟进。让我们试想，如果策略过于"暖心"，时时担心自己给出的方向不是创意的最佳发力方向，为了避免创意难受，甚至忽略了真正的目标方向，给出错误的方向信息。本来是想做到"你好，我好，大家好"，结果把创意带到沟里面去了。

　　不仅如此，有时为了给客户呈现一个团队（One Team）的印象，我们会在一些项目运作中将创意和策略做一些形式上的捆绑。虽然表面上亲密合作，但实际上是违背了策略先行的自然规律，导致创意被牵扯到过多的形式会议中，不仅迷失了方向，也降低了整体效率。比如，在一个客户项目中，从立项开始，策略和创意就被捆绑在一起，共同进退。但实际上为了赶进度，在一个团队的表象下，策略和创意却不得不分头作业，以期共同汇报。项目在客户方来回了 6~7 次，每一次迭代都是策略和创意全盘更新，不仅辛苦，效率也低。

心得：夫妻相处应该给彼此保留一定的空间，即便是甜蜜夫妻也不例外，更何况常言道，"捆绑不成夫妻"。让策略和创意保持松耦合的合作模式，其实就是给了彼此一个可以缓冲、消化甜蜜的空间，这也是项目运行的自然规律。

接力赛式：接力棒交出，便不计后果

某汽车品牌新品上市项目的开发周期非常长，往往长达半年。该品牌的项目中倒是贯彻了策略先行的原则——通常是策略率先进入项目，经过层层提报，最终跟客户敲定了主体策略（产品的独特卖点、目标受众和市场沟通语言），再将接力棒交给创意，便万事大吉……

在这种状况下，策略和创意不像一对夫妻，更像接力的伙伴。但营销项目显然不像接力赛那样简单，处于不同阶段的队员只用开足马力完成自己的那一段即可。营销项目处于风云变幻的市场之中，在确立大的营销方向后，前期做出的策略需要根据市场风向、竞品动作等因素频频做出微调，这样才能确保方向不跑偏。对于新品上市这样的长周期项目而言，这一点显得尤为突出。

更有甚者，在互联网思维的导引下，为了加快创意的产出、跟上市场的步伐，创意已不单单是创意部门自己的事情，全民创意时代已经到来。在这个大背景下，作为创意方向源头的策略自然不可脱身。姑且不说参与想点子、写文案，就是对创意进行方向导入，也需要策略时时保持迎战状态。

策略和创意不仅是夫妻关系，还是接力队的伙伴关系。作为启动者，策略除了要跑好自己的那一棒，为后面的伙伴赢取更多的时间，还需要在交接棒后，从身心上参与到伙伴的跑程中去——为伙伴加油、呐喊，时时提醒伙伴不要偏离跑道，因为最终的结果是大家共有的。醉心于策略阶段的成功，其实是"行百步半九十"！

心得：要营造出美满和谐的家庭，甩手掌柜做不得。策略在与创意的协同中，必须要有"扶上马，送一程"的态度。

丧偶式：分头行事，貌合神离

在多数营销项目的运作中，留给代理商的时间都非常有限。迫不得已，项目组只有采取本文开头描述的挖隧道式的作业模式——策略和创意从两边分头行事，以期在中间贯通，最后向客户交付项目。

策略和创意的这种合作模式，看似有共同的目标（交付项目），但在实际操作中难免带有盲目性，最终能顺利贯通的概率非常低。通常是发现了问题，为了补救，彼此做出一些迁就，原本一脉相通的项目被搞得七歪八扭。其实，我更愿意将这种合作模式称为"丧偶式"合作模式——策略和创意完全忽略对方的存在，埋头蛮干。这种模式在社会上较为普遍，比如人们常说的"丧偶式教育"，就是指在孩子的教育上夫妻只有一方在使劲，另外一方的力量完全借不上。回到营销项目上，倒不是说策略和创意这对"夫妻"没有全发力，也许他们是"后爸、后妈"，只在自己的孩子身上使劲，没有意识到"1+1>2"，即便是照顾自己的孩子，力量共享也会产生出其不意的效果。

中国作为全球的工程大国，隧道两头开凿技术已经演练得炉火纯青。即便是分头作业，也有两件事情要做好。一是开工前的基础勘探，明确目标、探测山体的纹理、规划出施工图、确立施工周期。在营销项目中，这部分工作需要由策略和创意共同完成，大家共同诊断项目，确立基本的项目方向（市场目标、基本打法、创意发力方向）。二是施工阶段，辅以地质雷达检测等科技手段来导向。在营销项目中，我们没有这样的工具，但交流是最好的导航手段，策略和创意就项目中的问题保持定期沟通，以确保彼此不跑偏。

心得：夫妻之力不是"1+1=2"，而应该是"1+1>2"。同步作业时，策略和创意的合作应以适时沟通关联彼此的方向，切忌忽略对方的存在。

形散神聚：策略和创意"夫妻之道"的正确打开方式

我们探讨了策略和创意协同的三种模式：甜蜜捆绑式、接力赛式和丧偶式，它们各有利弊。现实中受限于项目的执行周期、客户要求等各不相同的实际因素，协同模式也难有一定之规。

但这并非说策略和创意的协同就无规律可循、无章法可依。

志趣相投：策略和创意的目标原点

要解决问题，我们就要回到事情的原点。广告业教父、奥美创始人大卫·奥格威有句名言，"We sell，or else"。他以最朴实的话语道出了营销的本质，这句话被历代营销人奉为箴言。没错，从营销的本质来说，我们是要用营销的手段去帮助客户解决他们的商业问题，帮助他们实现赢利。策略和创意这对"夫妻"在这一原则上要实现目标的统一。

有了这一纲领，策略和创意都有了自己的行事准则。从策略的角度，为了实现"We sell，or else"，必须从策略方给出坚实的基础，以客观的态度、深邃的洞察力解析市场状况，确保不跑偏——此时不是情义泛滥的时候，为了兼顾创意"爱人"的感受，而天马行空地确立一个策略方向。对于创意，策略是发散思维的催化剂，但目标是"We sell，or else"。当创意延伸的触角受到策略的束缚，要勇于提出质疑，探讨问题的根源，以便策略能做必要的方向调整。

有了"帮助客户解决业务问题"这一共同志趣，策略和创意便有了协同的基础。

心灵交流：策略和创意鹣鲽情深的道术

营销工作的特殊性在于它是一项"攻心"的工作，对于营销对象如此，对于从事营销工作的策略和创意亦然。因此，灵魂伴侣（soulmate）的重要性远胜于形式的捏合，而灵魂伴侣的形成在于建立彼此心灵的交流。

因此，我相信策略和创意是一对形散神聚的"夫妻"。所谓"形散"，是指我们要遵循营销项目的自然规律，比如策略先行，又比如给策略和创意彼此一定的空间，让距离产生美。而"神聚"则是指彼此以共同的商业目标为黏合剂，让彼此保有一丝灵犀、保持无障碍沟通的状态——策略要用正确的营销方向来导引、启发创意，而创意在思维受到营销方向的束缚时，也要勇于提出质疑。

尾记：策略和创意协同堪比"夫妻之道"，是一项实务，也是一种艺术。在"We sell, or else"这一共同志趣的导引下，没有最好，只有最合适。但关键是，彼此保持开放的态度。

文案的
"反直觉思维"

刘恋
奥美北京创意总监

以客户服务身份做一个隐形"文案",摇摇晃晃已是第 5 年,从最年轻的 90 后,熬成了最老的 90 后。

遥记得在高中时,我的作文是所有科目里最差的那一项。若是当年的语文老师知道我现在成天写文案,怕是得为我的客户捏一把汗。

我这样文字功底很薄弱也不太会引经据典的人,能忝居文案一职,起码证明一件事:文笔一定不是做文案最重要的本事。

我认为帮到我的最重要的一个本事,大概是反直觉思维。举个不恰当的类比。比如同样是写文案,有反直觉思维的是王小波,他会说:"人的一切痛苦,本质上都是对自己的无能的愤怒。"(给人新鲜而集中的观点冲击。)

没有反直觉思维的是郭敬明,他会说:"时光不老,我们不

散，繁华落幕，我陪你落日流年。"（就算辞藻再华丽，也像什么都
没说。）

反直觉思维，能帮助我们以新的角度产出独特洞察。

淘汰那些已经被说烂的模式化观念（stereotype），给人未曾经
历过的新共鸣，提出有建设性的新解决方案。

反直觉思维在做"年轻人营销""女性营销"等特定群体营销
时，显得尤其重要。

正好，拿我们做的两个案例与诸位探讨。

案例一：针对"年轻人营销"的奔驰 GLA 成为英雄联盟职业联赛首席合作伙伴

这个案例的背景是：这是奔驰车型第一次成为电竞比赛的首席
合作伙伴，但之前别的车企也这么做过。GLA SUV 作为一个入门级
的 SUV（运动型多用途汽车），也是一个主打"年轻人"的车型。

按照直觉，这种项目提案的 PPT（演示文稿），会在第 3 页出现
受众画像，如 20~28 岁的年轻人，他们喜欢尝试新鲜事物，信奉享
乐主义，以自我为中心，叛逆自由，追求个性化、差异化，喜欢音
乐、电影、二次元、追星……然后在第 6 页出现策略：与年轻人一
起做自己，追寻自由、突破自我。在第 7 页出现传播手段：用年轻
人的性格与说话方式来表现品牌精神与产品点。接着在第 10 页左右
就会产出类似于下面这样的"走心"文案：

"真正的热爱，是两点的开黑，五点的团战。"

"我不要我的世界只有三点一线。"

看起来没毛病，但通过这样的惯性思维，得出的是很模式化的标签、很恭维式的态度、很老生常谈的道理，以及年轻人的很不买单。

我觉得这样做最大的问题是夸大了年轻人群体与其他群体的差异，忽视了他们作为"人"更大的共性——人性，也忽视了更微小的东西——人个体间的差异。

在 GLA 的案子中，当其他品牌运用电竞"黑话"去凸显这一群体的差异性时，我们选择反其道而行之，把视野放大，去思考那些更普遍的共性。

年轻人难道真的是我行我素，其他人怎么看都无所谓吗？事实上，大多数年轻人嘴上说着无所谓，但身体很诚实地希望自己的行为和喜好能得到别人的认可与接受。

而现实的冲突是：虽然电竞已经被正式列为一个正经的运动项目，但是许多人说起电竞仍觉得是网瘾少年的"不务正业"。

那我们有没有办法找到一个角度来调和这种冲突呢？

反观历史，我们可以发现，其实现在大家认可的足球、篮球、拳击、橄榄球等运动，在诞生之初，也被当时社会认为是年轻人的难登大雅之堂、野蛮、暴力的"不务正业"。而大众在经历了一段时间的适应后，对他们的非议与质疑便渐渐平息，可以更多地关注其中竞技的乐趣与激情。

人们对于新生事物，或还不太了解的事物，总会持矛盾的态度，这仿佛是一个亘古不变的人性。

而这些新生事物的最初拥护者，能够承受非议，走在社会的脚步之先，可以说是有如"苏格拉底般的勇气"。

基于这个视角，我们产出了这样的一条广告片：

微博中配有视频，文案如下：

（英式橄榄球运动，生于 1823 年）

对于年轻的事物，

世界的态度常常很矛盾。

（现代足球运动，生于 1863 年）

它如此不雅、野蛮、残酷，

（现代拳击运动，生于 1881 年）

却为何让人兴奋，

（篮球运动，生于 1891 年）

玩物丧志？

（足球成为奥运会项目，1908 年）

可使劲儿玩它的人，

（拳击成为奥运会项目，1904 年）

一个接一个地出人头地。

（首届橄榄球世界杯举办，1987 年）

（篮球成为奥运会项目，1936 年）

它们铺天盖地袭来。

让害怕改变的人风声鹤唳。

（电子竞技，生于 1986 年）

就像此刻，人们畏惧年轻的它。

怕它速度太快，锋芒太露，

怕它无所畏惧，桀骜难驯。

怕它每一次咆哮，都激起千层声浪。

（电子竞技被国际奥委会认证为正式体育项目，2017 年）

它既然来了，就注定要改变。

GLA SUV 携手英雄联盟职业联赛，

一场年轻勇者的电竞狂欢，

无畏造英雄！

　　同时，我们邀请了黄健翔老师来配音，以加强这种运动精神的传承感。

在做这个项目时,我们心里怀着一种使命感,并不只是要把车卖给电竞粉丝们而已(当然,如果我们以这个目的为手段,也达不到这个目的),而是希望通过这场合作,能让电竞运动的价值得到正名,能让电竞粉丝为自己感到荣耀,能让不关注电竞的路人也能联想到相似经历而获得同感。

看了转发区大家由此激发的各抒己见,我们知道我们做到了。

4-27 09:48

高超的广告文案以及陌生的地带 📹 📹 📹

4-27 09:28

今天的新锐就是明日的主流

4-28 18:12

虽然讨厌电竞类游戏但是认同此观点

4-27 15:02

天生无畏,很有眼光[并不简单]。纠结过扣3、迷你、🐛,看到GLA就再也没纠结了

评论截图

4-26 13:00

每次比赛中途听到这个广告都很激动 这个短片的
创意真的非常棒了 👑 无畏造英雄

4-27 06:43 │ 转发 1

奔驰在电子竞技界的投资赞助一直都是有目共睹的

4-27 08:35 │ 转发 2

这波商业互吹很有说服力 🐶

4-26 17:38

我长大了要买奔驰！！

4-26 12:11

以前看到国外的优秀广告开始意识到其实广告也是
门艺术，好的广告不仅仅只局限在宣传自己……一
直觉得"无畏造英雄"这句好，今天看到这段文字及
视频，不得不佩服奔驰这方面做的确实好！

评论截图

这大概就像伍迪·艾伦说的，"如果你忘记所有让你想要活到
100 岁的东西，你就可以活到 100 岁"，广告同理。

案例二：She's Mercedes 2018 年的形象宣传片

She's Mercedes 是奔驰在 2018 年上线的一个女性平台，这也是车企中的首个。以女性为受众的品牌和广告在市场上已经屡见不鲜，我们如何做出差异化呢？

按照直觉，当把受众定位到"女性群体"之后，很容易就将她们作为一个捆绑的整体去看待，去夸大、假想她们的共性，比如：女性在职场中的弱势地位，又要赚钱又要带孩子的双重压力，较男性而言更缺乏勇气和信心等。

我们带着这样的假定去调查身边的女性，发现对于这些奔驰受众的女性来说，在生活中并没有把女性作为自己的重要标签，也并没有感觉到自己与身边的男性友人有什么由性别带来的差异，而更多是个体与个体间的性格、喜好、生活方式等的差别。

因此，如果我们还按直觉，把自己作为一个"女性群体代言人"去为女性争取一片天，说一些女性崛起式的话，一定是无法引起我们的目标受众的共鸣的。

那怎么办？

我们选择让这些女性个体自己来聊天，就从自己最细微的生活出发。

她有三千烦恼，更有万千解药

做好女孩子，才能养好小孩子

饿出来的好身材，总是少了些味道

奔驰 2018 年女性形象宣传片

别人说的，听听就行了

睡一觉，说不定灵感就醒了

买包解决不了的问题，背包试试

奔驰 2018 年女性形象宣传片

摔倒了，正好躺下歇歇

握好手中的方向盘，无论去往哪里

She's
Mercedes

遇见知己，更看见自己

加入She's Mercedes
发出你的声音，唤醒更多女性力量

奔驰 2018 年女性形象宣传片

　　我们不去把女性当作一个群体，而是充分肯定每个女人作为最鲜活的个体自己的价值。这也正是这个平台所倡导的，每个女性都可以发出自己的声音，去和与自己志趣相投的人碰撞。而在这个过程中，女性的乐观、细腻等共性，观者已经在观看过程中，自己体会到了。

　　在做以上两个案例时，我们深刻感觉到了"去标签化"的重要性。

　　反直觉思维，就是勇敢抛弃那些你直觉中蹦出来的标签与道理，更深一步地探讨人性，不论更宏大或者更细微，像思考你自己的人生一样去思考你要对话的受众，这样才更有可能做出值得揣摩的作品。

　　愿大家既能怀抱宇宙，又能低入尘埃。共勉。

我在贫困县
给政府做传播规划

周晨
奥美北京前品牌战略咨询总监

对于奥美集团的各个专业团队来说，服务可口可乐、奔驰、IBM 这样的世界五百强是规定动作，扶持华为、伊利、腾讯等本土行业巨头的品牌建设也是常规操作，至于接受英国旅游局、WWF、奥组委各类政府和国际组织委托制定传播规划更是不足为奇。对于奥美来说，无论是帮助顶尖时尚品牌完成一场华丽的中国秀，利用全球资源让本土企业名扬海外，还是用最绚丽的创意登上超级碗的舞台，通过精心设计的数字交互不动声色地触达消费者的内心，都是值得称道又意料之中的案例。

而 2017 年底，北京办公室接到了一个意料之外的特殊项目——受一家中国科技企业的委托，帮助中国内陆省份的贫困县 A 县政府，面向当地乡镇居民推广一款便民移动 App。这款 App 是该县发展当地经济、实现脱贫的重要举措，也是评估当地城镇化发展水平的重要指标之一。然而自 App 上线以来，无论从用户的下载量还是活跃度来看都不令人满意。奥美的任务是为这款 App 的推广提供宣传策略建议及规划。

这完全打破了我们的惯性思维——用熟悉的专业化、体系化的服务，建设"高大上"品牌，做体面和有影响力的品牌传播。这不是帮知名品牌落地下沉式市场，也不是帮某个地方品牌获得更大范围的影响力。

两个最棘手的问题

对于项目团队来讲，至少需要解决两个棘手的问题！

第一，如何了解贫困县的老百姓和当地村镇的市场环境；第二，在预算、时间、资源都极为有限的情况下，如何规划用户调研和客户访谈。

了解目标受众（TA）和其所在的传播环境，是所有传播的思考起点。在项目之初，团队在第一个问题上就面临挑战，而极为有限的预算和资源更是让团队无从下手。

关于 TA——这里没有城市新贵、90 后新青年、自我崛起的时代女性，只有内陆贫瘠小镇的保守居民、留守村庄的少年和老人、四散各地的外出务工者，他们不是人群画像的研究热门，市面上主流的调研报告热衷描绘的消费升级和新媒体时代，仿佛和他们无关。

至于传播环境——A 县地处偏僻、交通不便、经济落后、常年贫困、人口大量外流，大部分成人都外出务工，在互联网上很难找到能够反映 A 县人口生活和社会现状的背景资料。而常驻城市的奥美团队也对村镇生活知之甚少，既无可借鉴的案例可寻，亦无生活体验、个人经历可供脑补。

更为棘手的是，由于预算和资源的问题，项目组大概只有 1 天半时间进行实地走访，1 周时间做背景收集和调研方案制订。

在这种情况下，项目组不得不启用一些非常规的"怪招"来完成用户市场环境研究。

从县长信箱里探索到的乡镇社会

在实地走访之前，团队发现县政府能够透露给奥美的背景信息大多是政府公开政策性调研文档，基本很难客观反映当地老百姓的实际状况。正当我们一筹莫展的时候，县委政府网站上的"县长 / 书记信箱"给我们带来了灵感。

团队从县委政府网站上找到的县长信箱，着实让人大开眼界，比如当地偷牛和盗狗的现象屡见不鲜，基层工作人员刁难老百姓和违规操作较多，村与村之间会因为争夺道路而挖沟砌墙甚至大打出手，城镇道路泥泞坑洼年久失修……我们发现来信中从投诉腐败这样的原则性问题到田里丢了棵菜等鸡毛蒜皮的问题无所不有，但几乎每一封来信都得到了县长或者县委书记针对具体细节的回复。

翻看了几百封当地的群众来信和政府部门的反馈后，团队渐渐拼凑出一些 A 县老百姓和政府的群像，对于当地的风俗和文化有了更好的理解，发现了老百姓对政府政策认知的差异。

两所学校还原出的当地人像

由于 A 县村落分布零散、交通不便，成年人大量在外省市务工，并不在当地，加上有限的时间和资源，我们的用户问卷调研投放和访谈工作遇到了极大的困难，常规的定性和定量调研几乎不可行。

项目组另辟蹊径选择了当地两所学校作为调研的关键对象——一所是当地最好的高中，一所是由政府提供免费资助的中专，它们几乎代表了 A 县社会的两极。学生是当地家庭的一个重要节点，我们可以通过学生联系到他们在外打工的父母、留守家中的祖辈填写调研问卷，相对完整地还原出当地不同阶层家庭对于家乡的看法和期望。

当然，选择学校还有其他的考量，可谓一举多得：

• 这些能够在县城上学的中学生即将步入社会或离开家乡，是当地社会未来的中坚力量，对于政务信息化这样的新事物接

受程度高，对社会和政府偏见少，可以成为 App 直接新增的
用户。

- 与在当地民众中颇受尊敬的教师群体建立良好的合作关系，
在 App 推广执行期考虑利用学校社会实践的资源。
- 学校具备的组织力和控制力能让问卷调研得到最大程度的
落实。

除此之外，团队还利用党员流动站、老乡群、政府及当地权
威媒体公众号等资源投放调研问卷，完成了这个几乎不可能的调研
任务。

"怪招" 收效圆满结案

项目团队用的 "怪招" 还不止这些，比如利用街景地图对县城
和村落的户外环境进行实景勘测，了解当地的广告路牌以及户外宣
传环境，利用影院票房统计工具猫眼平台评估当地核心商区的人流
量等。

事实证明，这些 "怪招" 的确解决了用户市场陌生和资源短缺
的问题，最终用有理有据的分析获得了当地政府的认可。项目不但
为 App 的推广制订了可行的传播规划，甚至帮助这款 App 设计团队
梳理清楚了设计初衷以及实际运行中的成效和困境，纠正了产品一

直以来宣传定位的偏差，让这款 App 的定位从最初主打政府执政透明形象，调整为推进便民服务。

从北京出发到达 A 县，需要换两次高铁，再走国道驱车 3 个小时。县城里买不到现煮奶茶，只有香飘飘；没有星级酒店，只有招待所；美团可以下单，但饿了么还不能用。县城最好的高中里，成绩排名第一的中学生说他的理想是考上大学，离开县城不要回来。这是和品牌大理想很遥远的世界，但却是万千个中国乡镇市场的缩影。

对于奥美人来说，这个项目预算不多、时间不长，但绝对特别、影响深刻。回顾起来，分享几点。

追本溯源解决问题，我们也可以有"创意"地制定策略

策略和创意通常是 4A 公司的理性和感性的两极。大品牌的项目做多了，4A 公司容易进入为了专业而专业的套路。然而这个项目的调研过程，看似另辟蹊径，实际是追本溯源去考虑如何解决项目问题，见招拆招，并不墨守成规，在某种程度上也体现了"创意无所不在"的奥美精神。

真正的传播战场上，往往是缺粮少炮的

A 县的案例条件当然较为极端，但是当我们面对新兴的品牌、

不成熟的市场时，或多或少都会遇到类似挑战。在很多项目中，我们抱怨客户不够专业、资源不够充分、工作简报不清晰，其实这往往体现的是我们研究新事物和解决新问题的能力不足。4A 的专业之处绝不是只在于给定位、人群画像、品牌大理想这些东西，有能力评估资源、给出可行的解决方案才是专业之所在。

做客户和执行团队看得懂、用得了的策略规划

这个项目的最后一大挑战是，项目中奥美仅为策略制定方提供传播指导策略及建议，最终落地的执行方是 A 县政府的工作人员。团队需要摒弃大量的品牌传播专业词汇，尽可能用贴近当地政府习惯的语言和工作模式，在方案里充分考虑当地政府的可用资源，同时考虑当地的组织机构结构、党政文化和执行能力，确保规划案实用接地气，保证执行团队不但能够看明白，而且能马上上手执行。

如今我们面对很多本土客户，他们的工作模式、沟通方式都与一线城市的 4A 公司有较大的差异。奥美作为品牌体系的顶层设计者，也常常面临与不同水平的执行团队合作的局面。因此，我们要避免让 4A 的规范和专业成为与客户有效沟通的障碍，要做让客户和执行团队看得懂、用得了的策略规划。

值得一提的是，当时项目组中的数据分析团队和实习生团队里的几位伙伴——杨程（Catherine Yang，时任项目数据分析高级

顾问，现任字节跳动商业战略分析师）、陈柔之（Rose Chen，时任实习分析师，现任普华永道中国 Associate 咨询顾问）、陈瑀（York Chen，时任实习分析师，现就读于美国乔治城大学商业管理专业）。

正是这样的团队，打破资深 4A 人的作业陈规，利用数据视角以及"解决问题"的思维，实现了创新突破。时至今日，数据和调研的运用已经在奥美的项目中变得越来越重要。

唐诗
与发言人培训

韩莺
奥美北京公关及影响力副总裁

因为要跟刚上初中的女儿保持共同语言，我现在的阅读书单都变成了初中生版。女儿要看什么，我就看什么。本来是做好了壮士断腕、智商拉低的心理建设，却意外地从第一本书开始，就有了别有洞天的收获。

这本书，就是《叶嘉莹说初盛唐诗》。

作为一名典型文科生，不会背几首诗词是不可能的。但我也有自知之明，知道自己一直停留在诗词初级爱好者的阶段。对诗词的喜好纯出直觉，不懂诗词的格律规范，不了解诗词的发展脉络，更完全没有自己品评诗词的标准与能力。

叶嘉莹先生的这本书，恰好一一对应了我的痛点。这本书是由她在各地讲演的录音整理而成，相对口语化，读来轻松，又不失浅显，从微观和宏观两个层面打开了我的视野。微观层面，这本书有着对初盛唐 13 位诗人代表作品的详细品读；宏观层面，又有着对时代变迁、诗体流变的精简观照。而统合这微观和宏观评论的核心理论体系，就是叶先生所说的"感发"——能不能引起读者对生命的感动与感悟。

历来各家讲解诗词，总会用一个核心词语来代表自己的主张，叶嘉莹先生用"感发"，严羽在《沧浪诗话》中用"妙悟"，王国维在《人间词话》里用"境界"。各人有各人的道理，但关键在于能不能形成自己一以贯之的体系，建立自己的诗词评赏标准。

就如身处营销行业的我们，李奥·贝纳强调"与生俱来的戏剧性"，奥美追求"品牌大理想"。不论主张为何，只有有了核心主张，才能给自己搭起一个思维的脚手架；有了这个脚手架，才能将自己得到的信息、产生的观点进行归类整理，形成明晰而丰富的体系，进而对外传达、影响他人。

在看这本书的同时，我正好也在纠结一个小小的脚手架的搭建与丰富 —— 我在更新新闻发言人培训课件，希望能帮助新闻发言人有更好的能力，以讲故事的方式传递所在机构的核心信息，以脱离干巴巴的逻辑说教，收获更多的情感共鸣。

为了搭起这个脚手架，我需要先回答一连串的问题。比如，人人都在说故事，可到底什么是故事，什么样的表达可以称之为故事？故事有没有最底层的元结构，如果有，解密并掌握了这种元结构之后，如何能让它从文学作品、电影电视作品中，走入商业世界？

我从英国办公室某位创意总监的在线分享中，以及 TED 演讲和《小说课》这样的书籍中，获得了很多启发，对以上问题做出了解答，搭起了我的脚手架。然而，工作并不能到此为止。要让培训课件更有实用性，我还需要接着回答：如果我们有办法让故事走入商业世界，会灵活运用故事的元结构就足够了吗？

答案当然是不够。武侠小说的脚手架不都是爱恨情仇吗？为什么只有金庸一人能登顶"有华人处必有金庸"的高处？因为脚手架只是宏观骨骼，新闻发言人还需要"血肉"的支持，才能让自己讲的故事更丰满动人。

这些"血肉"，需要从微观中去找。在用词遣句中巧用动词就是一个非常重要的微观技巧，因为合适的动词能够创造画面感，并带来语言的节奏感和流动性，更好地促发听众的情感，但是我一直苦于找不到合适的例子来说明这一点。

答案又在叶嘉莹先生的书里。她在书中，恰好讲到了动词对一首诗的重要性。能让一首诗活起来"感发"读者的"诗眼"，必然是动词。比如：

"僧敲月下门""云破月来花弄影""红杏枝头春意闹"。

看到这三句诗，我们脑海中自然会出现这三个最精妙的动词，而不做任何他想，因为它们的确最妥当也最贴切。动词运用能力的高下，对诗作感染力深浅的影响，我们还可以从谢灵运和王维这两位同是山水诗人的诗作对比中，得到更精微的感受。

"谢灵运的'岩下云方合，花上露犹泫'，好像是照相机照下来的景物。但王维不是，他所写的大自然，不管是声音、颜色，还是形象，一切都在动，这就很妙了。"以王维的《栾家濑》为例：

飒飒秋雨中，浅浅石溜泻。跳波自相溅，白鹭惊复下。

"泻""溅""下"，二十个字中有三个点睛的动词。"灰暗的天空下，忽然腾跃起一点白色，然后转个圈又落下来，你心里有什么感动？是欣喜还是悲哀？是快乐还是忧愁？你都说不出来。'白鹭惊复下'与你何干？但是你内心动了没有？一下子就动了。禅宗公案中说的'不是风动不是幡动，是仁者心动'，正是这个道理。"

得了这个道理，我有豁然开朗之感，按图索骥之下，很快从美国总统的竞选口号和演讲中、领导人的讲话和马云的大会发言中，找到了非常贴切的案例，佐证了这个道理在现实世界中的可用性。

在 2005 年那场著名的斯坦福大学毕业典礼发言中，乔布斯提到了"如何才能让生命中那些散落的点连缀起来"（Connecting the Dots）。大者，如乔布斯一般，跟随自己的内心，坚持做自己喜欢的事（Follow your heart and keep doing what you love）；小者，如果有一个小小的思维脚手架在心里，那么，无论是看一本书，还是追一部剧、听一场戏，那些不期而来的信息和观点，你都可以好好连缀起来，真正化为己用，为己所有，并成长自己。

专业，
还是生意？

吉霄雯
奥美深圳副总裁

　　"你把公关看作一种专业，还是一种生意？"有个夜晚，一好友攒局，约了我和另一家本土创业公司的创始人见面，这个问题是这个创始人开篇抛给我的。我之前没考虑过这个问题。但当经历了如同一个创业者一样要守住和开拓一个区域的客户时，我觉得这是个好问题。

　　如果说上个时代是市场经济助推了下海经商热，这个时代就是"一夜暴富"梦点燃了创业者的心，那些玩转资本模式的、坐拥千万粉丝的、手握核心技术的、瞅准空白商机的……只要你攻下一个据点，一夜暴富的剧本很可能就落在你头上，若再有人冒出来给你的创业成功套用个"共享经济""粉丝经济""超强 IP""湿的未来"之类花哨的概念，你这"暴富"之风很可能就掀起个连带效应，招引一批次级暴富的追随者。到时候，你收获的不仅仅是口袋利益，还得一派弟子坐拥门下，这一夜暴富成就的英雄偶像，哪个有志青年不向往？

具体到公关这个领域，我觉得绝大多数本土创业者只要想在这个行当开疆辟土，大部分掌握的绝技都是：关系和资源。特别是在中国，特别是在创业初期，关系和资源可以转化成一种独特的竞争优势，其带来的直接好处是，生意的来路和销路。小弟创业，你我兄弟情深，赶紧给一单生意照顾下；闺密成网红了，赶紧帮衬做个免费的大号传播；同事辞职去做"互联网＋"了，有机会免费促成一次跨界合作；你大学同学前男友的三姨的表哥的女儿嫁了明星，赶紧呼唤来友情打折给品牌做代言……一来二去，几单生意来了，做了，钱也赚了，盘活了你创业之路的初级阶段。

在这个阶段，相信绝大多数的创业者是拿公关当生意看的。换句话说，其实是希望把手里的资源和关系通过生意的方式变现，而公关服务只是他们借助的一种变现说法！因此，你常见的初创公司大致是这样的情景：一两个人的夫妻店、三五个人的里应外合、七八个人的草台班子，没什么固定的办公室，没有严谨的工作制度，没有成熟的团队配合，甚至人人只用 QQ 邮箱，为了原始积累的成功，大家以最低廉的成本投入获取原始积累的第一桶金。

而后呢？在摆脱养家糊口的生死存亡线后，你是愿意只顾一桶一桶的金子赚着，还是平衡公关的专业主义建设和生意的经济盈利指标？我觉得生意人和专业人因为不同的理念，在此后的道路或分道扬镳，或共荣共生。

生意人功利主义至上，工具理性突出，考虑问题不可避免地陷入贪念和投机，体现在公关服务的做法上就是急功近利，依靠有偿新闻，借助资源差价，内幕约定回扣，资本勾结黑幕，任何一个商业恶果都会附着在一个欲望膨胀的企业温床滋生。具体到作业手段上，很多观念、原则和策略尚未成形就急于尝试，失去价值底线的生意犹如空中飘着的芦草，不硬气，飞不远。2009 年底，中央电视台《经济半小时》披露了"网络公关""网络营销"的黑幕，有多家公关公司雇用数量庞大的水军公司发帖，一夜之间让"正面信息"置前，"负面信息"沉落，甚至可以在一天之内搞臭一个眼中钉。而那些倚仗"水军部队"的企业更是以明码实价的方式卖水军数量，"10 万水军一口价，20 万部队有折扣"。只是生意维系不足一两载，停顿罚款的、蹲狱反思的、警告关门的，再一看这片生意场，落得个白茫茫大地真干净。

转头再看专业场，度过生死线，企业最为关注的是如何在专业化道路上深耕向前。提到专业化，绕不过去的就是对几个关键词，如公关价值、专业理性、市场化伦理这些形而上问题的思索，以及进一步的对形而下的操作层面的规范。

我一直觉得，秉持专业原则的实践者，内心认可公关存在的哲学基础，愿做企业和其利益相关者的中间人，促成多方利益对话，并谋求共识。在理念层面，和企业一起向"善"生长；在操作层面，和大众一起求"美"互动。在这种理念下运营公关公司，既可以合理辨别生意方向，亦可自动规范做事技巧。

曾接触过的一位前辈，是国内做危机公关的专家，每次遇到前来求助的客户，他首先要问的几个问题就是：被报道的危机事件是否属实？是否存在隐瞒和欺骗？生产或管理方面产生的漏洞是否故意偷工减料或避重就轻？关键时刻，是否敢于担当？只要上述问题一个谈不妥，他立刻转身就走，哪怕对方高价吸引，也坚持原则，不与"恶"为伍。

类似的事情，也发生在我们与一家互联网企业打交道之时。在中国，互联网是个血腥拼杀的战场，一个行业里的友商，常有不共戴天般的恶斗。我们接到的需求便是，拿到企业竞争对手的内幕交易信息之后，设计内容，招买水军，大肆抨击对手。且不论这内部交易的信息是否属实，就这经营理念和企业作风，也和我们一向坚持的"善""美"的精神理念相违背，哪里敢接单？于是，我们告别了几百万元的预算。

生意人和专业人，怀有不同的目标导向，总是在不经意间将这些导向贯彻于日常的做事理念，影响整体的行事风格。在理想条件下，我相信大多数人都愿意追随专业立身的使命发展，然而现实不易，两种思路的交织与迷思才是常态。

如今的创业者，他们身上功利主义和理想主义并存，常常被一句诗、一首歌感染，却又不得不面对现实，在投机和机会主义环境下奋力拼搏。对此，如果你相信任何一项有前途的事业，都应该既有成就事功的技能和规范，又不忘澄明朗耀的感召和指引，这样就会努力在利益和理想之间适度调整，平衡向前。

真问题
和"假"方法（论）

吉霄雯
奥美深圳副总裁

如果你有机会去几家国际知名的公关公司，最开始的半年之内，一定会从一些办公场合了解到这家公司的成熟方法（论）。这些方法（论）可能涉及如何做品牌定位，如何规划传播周期，如何做受众研究，如何做危机管理，如何做社会化营销……假如你好学上进、勤奋努力，会兴奋并狂热地吸收这些知识，并希望借助这些积累，能在某一天成功说服客户，赢得尊重感，树立"专业"化的形象。不过大部分情况下，我们都高估了这些方法（论）的效用，或者说，没有正确认识这些方法（论）的作用。

中学读马哲，我们是死记硬背一组概念来理解方法论的，即世界观和方法论，前者解决世界"是什么"的问题，后者解决"怎么办"的问题。更详细点说，方法论以解决问题为目标，总结解决的方式和技巧，并将这些方式和技巧上升到原则性的表达。因此，营销的 4P 原则、社会化传播的 5A 原则、品牌定位的各类模块……诸如此类，都可以看作一些方法论的阐述。但核心的问题是，方法论以解决问题为目标，这里的问题，我们真的界定准确了吗？或者说，"问题到底是什么"的本质，我们真的看清楚了吗？

曾经的一位客户，他的竞争对手发生了一次危机。坦白说，这个危机是整个行业都可能存在的问题，只是它的竞争对手有些急功近利，迅猛发展的势头掩盖不住旁门左道的"灰暗"，这些"灰暗"升级扩散，引发了管理部门的关注和舆论的围攻。这个客户有防范意识，希望自己不要被竞争对手掀起的危机牵扯，除了商业自律和自我规范，还希望了解公关公司对这起危机的看法，于是邀请我们前往交流。

翻看了同伴第一次准备的资料——危机管理 3C 原则介绍。所谓 3C，即：关心（care）、控制（control）、沟通（communication）。除了把每项原则阐述清楚外，也把这样做的利弊用相关的其他案例解释清楚了，所有的内容都正确，却总看着不提劲。如同给一个可能身患癌症的病人讲述锻炼身体是多么重要，道理没错，但患者不爱听、不想听、懒得听，看上去系统的方法论，这里成了不发挥作用的"假"方法。

在运用方法论之前，我们需要分析真问题。用以上案例来说，我们需要先界定危机的性质：这是个什么类型的危机？是国家政策和商业模式的矛盾危机、传统思维和互联网思维的碰撞危机，还是大众托付和商业诚信的信任危机？进而圈定每种危机所波及的利益群体，再去考虑适合的沟通方式，体现关心原则，注意控制以免事件发酵升级。界定问题才是发挥方法论的前提和基础，这和医生先诊断病情，找出病因，再去考虑如何用药是一个逻辑。但其实大部分情况，诊断——这最基础根本的第一步，是没什么方法论来教你的，经验积累、思辨逻辑、知识视野……这些自我习得的运用能起到更重要的作用。

问题分析不清，直接套用方法的后果就是隔靴搔痒，大片大片地给你挠，却始终点不到你的"痒"。然而，对于方法的应用，这还不是最严重的一种情况，最糟糕的是接下来说的第二种：以一应百，模型乱套。

我们有一种做品牌定位的好方法——品牌大理想。这个方法的前提基于公司对每个品牌的愿望：如果我们能发扬每个品牌、每家企业以及每一个人内蕴的恢宏，世界将会更加美好。于是，我们开始为每个品牌寻找它的"恢宏"所在。方法论不难，要依据两个圆找出它们的交集所在。这两个圆要填写的内容，一边是文化张力，也就是核心受众所处的社会文化环境；一边是品牌真我，也就是品牌能在这种张力下提供的利益诉求。最后得到一个交集的总结：××（品牌名）相信，如果……（品牌在文化张力下以自身的利益诉求提供的针对目标受众的解决方法），世界会变得更美好！

我们用这个方法给很多客户做过成功的品牌定位，从国际知名品牌到国内成长品牌，比如：IBM 相信，如果任何事都能以更智慧的方式运行，世界将会更美好！多芬相信，如果能让女性对自己充满自信，这世界将会更美好！金夫人相信，如果世人珍视爱情而不带成见，世界会更美好！

看着这些成功的例子，你会津津乐道于这套方法论的价值。然而，有点可悲的是，很多情况下，我们太"调戏"这些方法论了，经常一次次把它们放在本不属于它们的地方。

一次客户的提案，需求是希望展开一个针对中国新年的系列传播，在创意之前的策略部分，新入的策划同事"华丽"地用此方法搞了一个品牌定位……我们给这位同事解释这个方法论的产生背景，并认为客户当前的问题不是品牌定位的问题，而是要解决一个阶段性传播创意的问题。即使借用这个方法导出模型，我们也需要聚焦客户关心的问题，将两个圆圈的内容做相应调整，但策划同事坚持认为这个方法对于创意之前的策略阐述是有帮助的，而且更坚持的理由是可以在客户面前显示我们方法论的成熟化和体系化……最终，我们没有成功说服这位同事，也没有赢得这场比稿。事后和这位同事一起总结失败经验，他告诉我，当掌握了公司几个经典的方法后，每次接到客户需求时，都会习惯性地考虑可以套用哪些方法，然后开始着手撰写……所以在他经手的几个案例中，会看见很多方法论的展示和对应分析，然而是否真的以客户问题为出发点去考虑这些方法，看来他并没有认真去思考。

　　方法（论）的初衷是为了解决问题，我相信之所以设计一些针对某些问题的方法，是基于客户的需求和我们作业的高效。但糟糕的是，一旦我们基于方法论本位去审视客户需求，就已经陷入简单逻辑、一劳永逸、自负傲娇的思维中。这些思维会框住我们解决真问题的路径，更将与我们想凭借方法论来突出专业能力的初衷背道而驰，渐行渐远。

越比稿，
越美丽

郭元秋
奥美北京经营合伙人

你是否曾经一度苦恼：玩命干活，却没人买单，时间紧、任务重，还要废寝忘食牺牲个人时间，为什么还是有很多人为比稿拼命？个人认为原因有二：一是没有生意了，不比稿大家都死定了；二是比稿是将我们的大创意付诸实践的绝佳机会，这种比稿会让我们大放异彩，并对于我们从事的这个行业更加信心满满。

在奥美的十多年中，以上两种情形的比稿我和我的团队都经历过，而且提起"比稿"二字一切都还历历在目。自从从事了这个行业，比稿、提案、竞标就像我们在这场人生旅行中必带的几件行李，如影随形。

今天我写下这篇文章，首先要感谢《中国合伙人》这部电影，电影中王阳对成东青说："没有梦想不可怕，可怕的是你甘于做一个 Loser（失败者），没有比一个 Loser 来谈梦想更让人渴望。"在

奥美的十多年，特别是进入汽车领域这六年多，我和团队比稿无数
（至少不下百次），如果拍成电视连续剧，一定有赶超日剧、韩剧之
势，其剧情也跌宕起伏。但有一点不变，那就是我们大部分时候都
是一个 Loser，所以没有比作为一个 Loser 来谈这个话题更有吸引力
的了。第二，要感谢一个人，那就是史玉柱先生。有一段时间，朋
友圈里有关他谈创业与成功的故事很多，有一点我比较赞同，那就
是成功之道往往不可复制，而失败的经验可以总结，而且这些经
验必将制造更多的成功者。希望这些年来和团队一起历经的多次失
败，能够让即将和正在参加比稿的同行们有所借鉴。

再次声明，这里分享的不是提案技巧，更不是"比稿必杀
三十六技"（我清晰记得，在最疯狂的比稿岁月里，组里的年轻同事
曾经把一张"比稿必胜符"贴在了我的办公桌前，作为送给我的生
日礼物）。一来奥美网络大学的课件都非常棒，再加上你回家对着
镜子不停地反复训练，可以帮你解决技巧问题；二来在你出差经过
机场时，可以买一张某老师充满激情的演讲的光盘，其中不乏激情
与生动的内容（但好用与否有待检验，这里不做任何背书）。

以下进入正题，开始"比稿"。

小赢靠智，大赢靠德

我非常喜欢并欣赏这句话，也是在无数次比稿后才把它奉为经

典，取代了办公室养的五条金鱼和桌上贴着的"比稿必胜符"。比稿需要专业、知识积累、技巧——这些都很重要，但更重要的是，比稿表面比的是稿、是智慧，其实比的是"道"。参加比稿的同学都会有类似经验，参加比稿前会了解比稿外的很多信息，然后估算得失率，最终决定是否参加、投入多少精力与人力。这很科学，我也赞同，因为知己知彼、百战不殆。但这里我想分享的是：无论分析结果如何，尽量不去拒绝比稿，特别是一些来自我们不熟悉领域的新客户；而且一旦决定参与，哪怕赢稿率很低，也要全力以赴。因为有些比稿，不是一城一池之得失，更多的是我们可以建立对这个领域以及客户的基本了解，比的是印象累计分，这也是获取未来更多业务的千载难逢的好机会。有的比稿，赢业务，也就是个生意；有的比稿，赢人心，赢的是长期合作伙伴。有句话叫"赢人赢心"，大家都懂。

不仅是舞台，还是场戏

如果说方案本身是这场"戏"的剧本，那我们每个人在这场戏里都扮演着不可忽视的角色。很多人痛恨比稿，我也别装清高，同样痛恨，特别是有时业务满负荷，更是痛上加痛。但痛定思痛，按着"大赢靠德"的理论，还是要去参加。俗话说：台上十分钟，台下十年功。这功夫有二：一是表演功力，彼此的配合以及如何把我们的大创意卖出去，让下面看戏的人"叫座"，这需要团队多年的积累；二是对客户的了解，因为有些客户可能是我们从来没有触及的领域，一定要狠下功夫，否则在你和团队都不熟悉的领域，去和那些在这个行业浸淫多年的"老票友"谈"戏"，是要露怯的。比稿完毕，如同戏散场了，但这并不意味着一切就结束了，客户最终把业务交给你，除了被你的策略、创意所打动，其实他们更在意的是你是否在乎他们。可以想象，如果在获取生意时都满不在乎你的代理商，怎么会在成为你的合作伙伴后更加在乎你，这有点像非常老套的追女孩的故事。所以，千万别犹豫，比稿完毕，一定记得和客户跟进，掌握好度，别装清高。我发现最终赢得比稿的都是比我们更"不要脸"的人，当然这里的"不要脸"是个堂堂正正的褒义词。

比的不仅是稿，还有团队

某年参加客户年度策略大会，大会上某广告代理商分享了他们获得 2014 年全球创意代理商的比稿全案。比稿结束时，团队的所有成员用一个纪录片表达了他们是如何热爱这个品牌的：有人为这次比稿违背了诺言，没有带儿子去迪士尼；有人放弃了周末和朋友的聚会；有人给怀孕的妻子留言说，他和她一样也在为未来孕育希望……我当时真不在乎他们的创意是什么，我要是客户也会选择这样一个团队、这样一群人，他们如此富有激情并深爱着这个品牌。因为客户明白，一次方案可能靠的是一个公司的全体智慧，未来真正服务他们的团队才是能给他们带来大创意、解决实际业务问题的那群人。这是一个比较特别的案例，但有一点要强调——比稿时别太专注于比稿本身，像一群要打架的公鸡，而忽略了人类最美好的东西——微笑。多一些微笑，可以在比稿结束时与客户谈谈目前一些有意思的话题，这些对争取新生意是有好处的。大部分潜在客户欣赏那些有生活乐趣、自信满满、成竹在胸的人。特别是在冗长严苛的比稿后，客户仍旧难以抉择花落谁家时，他们会看将要一起共事的那个人以及团队，并据此最终定案。而此时，或许就是团队所有人的微笑、自信，让天平最终倾斜。

生和熟哪个更好？

这里当然不是指吃牛排，而是与客户的熟悉程度，这对于比稿也非常重要。大家一定认为熟悉的客户更好，因为彼此了解，"相爱多年"，甚至已经"谈婚论嫁"——这时大家往往在心里生出一种先天优势，甚至在竞争对手面前表现出我熟知这里的一切、别人都是"第三者插足"的姿态，略显傲慢。多年的比稿经验告诉我，这种心态往往是你走向失败的根源，我的团队也曾深受其害。其实与客户越熟悉，比稿的难度越大，因为客户几乎可以想象到我们提案的逻辑、每个团队成员的风格，更容易产生审美疲劳。这就更要求比稿打破常规，比对待新客户更加用心，因为丢掉一个老客户的损失不仅是业务层面的，团队的信心以及认同感大受打击才是最要命的，失一城不重要，重要的是大家失去了战斗下去的信心。总结一句话：比稿时把所有客户都当成新客户，服务时把所有客户都当成老客户。

需要资源整合，也是自我历练提升

对于大多数比稿来说，其挑战之一就是时间的限定。这非常像大学的开卷考试，规定好题目，你可以翻教材、查参考资料，但收卷的时间由老师也就是客户说了算。有人形容现在的比稿就如社会的大环境一样：浮躁、快速、高效。大多数比稿时间紧、任务重，所以需要我们在短时间内完成一个奇迹——我的经验是：比稿的团队要擅长总结，把以前的比稿分类总结，特别是那些失败的比稿，不要让它们成为 H 盘（奥美以前的资源共用盘）的守护神，要让它们复活。因为有些策略和想法，甚至对消费者的洞察都是相通的，A 客户不喜欢、不买单，不意味着 B 客户不欣赏。这不是投机取巧，而是一种能力，一种"创意复制能力"。就像编程一样，有些源代码已经是开放的，你却非要从头写代码，是聪明还是愚蠢，不言自明。

为何说比稿是自我历练与提升？每个人都有惰性，而比稿会让你不断保持学习新知的欲望：你不得不去了解客户所在的行业，多读调研资料；不得不去了解新的消费者环境，随时追随市场趋势；不得不再把 Fusion（奥美的一种工作方法论）和品牌大理想好好与策略团队一起研究一番，还要和那些傲气的创意人员一起吃个午餐——这些都会让你不断进步，最终登峰造极。通过比稿，你还会发现，自己在奥美会认识越来越多的人，他们不一定完美，但各有所长，坚持下来，你会发现越来越多的人也开始认识你。通过比稿，你会发现自己已经是一个品牌了，不要小看自己，就如张小龙所说：再小的个体也是一个品牌。

大家读到此处，一定在想：只看出比稿的痛苦，哪里有快乐，怎么会变得美丽？大家想一想，比稿时，我们把所有最出色的人才召集到一处，一起找出传播活动的最佳角色、客户业务的最新洞察以及对消费者最深刻的认知，当然，还有将一切付诸实践的绝佳创意。简而言之，我们将有机会大放异彩，如果作品够好，就可以赢得客户的青睐，客户愿意掏钱用我们的策略创意解决困扰他们多年的痛苦问题，我们俨然变成一个医者，怎么会不快乐？

另外，赢得比稿能使我们的业务得以成长，每次胜利都将带来一个新的创意机会。比稿还可以磨炼我们的各项技能，让我们的表现日臻完美。新生意比稿让我们的锋芒常保犀利，让我们的团队随时蓄势待发，而我们现有的客户也会随之受益，因为我们不是跟随，而总是在尝试引领，我们是师者，怎么会不越发美丽？

当然不总是胜利，比稿也会经常失败。失败的时候就像北岛的一句诗：当酒杯碰在一起全是梦破碎的声音。特别是你第一次比稿，全身心地投入，觉得自己的各种大想法都可以改变世界，而客户却在低头看微博、刷朋友圈——记住，比稿和人生一样不是短跑，而是长跑，只有不断地完善自我，才能改变世界，这里当然包括心态。

比稿时要切记：不要有了智慧，却逐渐丧失了我们最宝贵的勇气。

比稿，就如行走在一条空旷的大街上，任我行，不作秀，不回头。

越比稿，越美丽。

论报价问题上的
几个认识误区

刘子木
奥美北京业务总监

10年的公关工作经历中，客户（代表）讨价还价这种事司空见惯。抛开那些曾经令我们怀疑人生的极端情况，情景基本上分为以下几种：

- 长远型：方案还不错，但是能否给个打包价，毕竟以后合作时间还很长。
- 经验型：我以前也是做乙方的，你们的单价实在不够合理，应该按照我理解的标准来执行报价。
- 谦虚型：我的预算就那么多，能否减少几项非核心工作，或退而求其次少花点时间在某些工作上。
- 精算型：我并没有看到你们那么多人来参加会议，为什么要报那么多人的时间。

- 量化型：跟上次的项目 KPI 没差别，为什么比上次贵了那
  么多。

在此声明，本文尚无法提供一个高效的方法去彻底说服客户接受我们的报价，仅做有限经验与认知分享，希望能够提供给各位同行一些参考性洞察，期待能助力大家与客户更好地实现可持续发展的共赢合作。

如何理解长远型议价套路

客户期待打包价这件事由来已久，我们乍一听会感觉客户认可了我们的工作质量，进而期待建立持续长期的合作，喜大普奔……略过此处应有的掌声，客户画的饼的确诱人，但也不乏之后颗粒无收的情况。客户这句话背后的意思是：这项工作的结果并非至关重要。为什么这么讲？因为优先级和重要性高的项目，是需要通过预算来确保一个团队的专注投入的。而这种大而化之的礼节性预算挤压，带来的一定是资源的紧张和无法集中的人力投入。

我们假定所有客户都是理性的，那他们是绝对不会冒着项目失败的风险去追求费用折扣的，重要项目失败的成本远远大于节省出来的资金。

那我们该做什么？我们至少可以从一个问题开始去发现客户讨

价还价的真实原因。比如说：我们策划的方案是不是没有直接支持客户KPI的实现？抑或是我们需要发现更好的方法去推动目标的达成？因为预算不仅仅关乎代理公司的营收，它更重要的意义是能够有效地支持客户实现商业目标。所以在这个所谓的"议价套路"中，我们如果真心认可客户对我们的信任，或许应更进一步，尝试着站在客户的角度激发客户去思考——是否有改善或提升的空间，让预算投入实现或确保更高的KPI？不论原因如何，这都是一个协助客户去发现问题、解决问题的过程。

经验型客户的预算迷思

有没有感觉与曾经是同事或同行的客户代表合作能让我们更成熟和成长？是的，从乙方成为甲方的客户代表对于代理商的要求往往非常高，因为他们对于代理商的服务内容轻车熟路，也更加理解那些曾经做过的工作对于甲方来讲有哪些价值。他们脑补了无数日夜为客户服务的场景以及代理公司服务客户的"套路"，同时更会执着于那些年沉淀下来的宝贵经验。咱们不必纠结去哪里给经验型客户寻找这几年的通货膨胀率数据、涨价的供应商、飞奔的物价，还有越来越贵的外卖或打车费，因为他会觉得这些与项目无关。回归根本，这一场景下的客户只是觉得在他离开代理公司的日子里，代理商并未带来更多创新或增值，却仍自以为是地拿着几年前的套路方案糊弄他。其实客户的话说到这里，还算客气的，因为代理公司若无创新思维，重复用"老三样"向客户要预算，无异于乞讨。

好，咱们抛开玻璃心来分析一下，如果我们只是客户的手，不假思索地做那些简单的执行，那就乖乖按客户要求改报价吧。可问题是，长此以往，就算我们赔钱做了生意，最后依旧会轻易地被其他"物更美、价更廉"的代理公司取代。

面对这样的反馈，我通常会当作客户在给我们第二次机会，进一步思考是否有新的想法提报给客户，继续深入发掘客户所面对的商业问题背后的症结，进而去寻找新的解决方案。否则，就得为我们接下来的生存状况担忧了。

谦虚型客户的博弈需求

客户那么善解人意，在如此艰难的时刻，依旧愿与我们携手并肩。这个心理建设很好，因为接下来，你必须要做一件事情，帮助客户在他的工作环境里争取更多的资源与施展空间，不是吗？如果客户能够这样合情合理地通过减少工作量来与我们共同寻求项目的收支平衡，我们在心存感恩的同时，更需要帮助客户看到如何用那些小而美的项目来实现商业目标，尤其是打开一片新天地。

此时，客户往往会善良地提前将那些积攒已久的"冷水"（内部挑战）呈现在你的眼前。如果是这样，恭喜你，你已经成为客户的商业顾问，因为客户给了你更多解决问题、与他协同作战的机会。

　　你会拥有可遇不可求的条件去反思你的策略和解决方案，并且进一步深入思考客户面临的挑战与机会。把新想法和那些曾经引以为傲的想当然的想法对比来看，此刻产出的观点与洞察应该能够更加贴近客户的真实需求。

　　这是一个与客户共同发现问题、解决问题的过程，更是一个建立稳固、共赢、可信赖的合作关系的过程。对于公关行业来说，高效精准地发现、解决问题并积累成功经验所创造出的价值，远高于忽略时间投入与知识收获的那些浑浑噩噩的加班与应付。

精算型客户的心经

　　别小看客户的挑战，资源的可视度绝对是客户衡量性价比的简单定律。传统的办法是，尽可能多地用人海战术去让客户感知到我们对客户和品牌的忠心与重视。这是一把双刃剑，客户往往也会觉得，你们那么多人来开会，有些人从头到尾一句话不说还在那里刷微信，我的钱还是白花了。（呃，跟客户开会时尽量少动手机，最好连记录都要用手写笔记本来完成哈！）精算型客户其实很重视效率，他们对于资源投入的疑问往往是由于没有看到完善的任务框架和组织分工的细化与配合引发的。

　　客户不一定需要人山人海的服务团队，但是精兵强将是必须的。我们是否让关键人物与客户进行了顺畅深入的沟通？是否给予了客户充分的信心，让他们相信我们有能力完成接下来的任务？在精算型客户面前，我们需要很好地将工作分出层次，并且将人力资源与工作任务、时间进行合理的配比，让客户感受到我们对工作整体与流程的把握精准无误，没有任何大而化之或轻描淡写。在此期间，要确保任务条目的出现不重复，也不能漏掉一些重要却常常容易被忽略的工作环节。

量化型客户的沟通宝典

我非常欣赏客户能够提出合理的想法去量化工作产出，因为这种思维可以确保双方生意的可持续发展。这其实是现在竞争激烈的市场环境下应具备的一种思维。虽然乍看来，量化工作业绩对于双方来说都压力山大，但这是未来市场营销工作的必然要求。

市场定律是优胜劣汰——客户和我们安逸了，品牌就遭殃了。这是个硬道理。所以在这种情况下，如何更加策略地组织预算，并且确保每个环节和总的结果投入产出比最大化，是我们今天组织预算的时候需要思考的问题。即便客户没有这方面的思考，我们想在前面不是更好吗？量化 KPI 的维度和方法有很多，奥美集团也有很多资源，这时候，跨越团队去寻求一些经验和帮助，不失为好的选择。

其实，每一次与客户讨价还价都是学习成长的过程。最基本的心理原则就是：谈钱可以，不伤感情。请记住，如果客户不想合作，是不会和你讨价还价的，而是会在和你礼貌地寒暄一番后，从你电话或微信的联系人列表中安静地淡出。

我亲爱的
本土客户呀

宋磊
奥美北京董事总经理

　　十几年前，我刚刚加入奥美时，我的客户是一家全球领先的 IT
企业，之后我又陆续服务了其他全球性企业。可以说我们那会儿，
大多数人入行之后接触到的客户都以大型跨国企业为主。我们身处
的 4A 公司也是跨国企业。简言之，我们学习的理论、方法论、工
具、案例等，都是基于西方国家的市场产生的，而我们日常工作中
应用的这些场景也是外企客户。可以说，十几年的经验让我们更
习惯于分工明确、条理清晰、流程有序、标准统一的工作。可是
这些在今时今日——我是指本土客户越来越多的今日——基本上荡
然无存！各种乱拳打死老师傅、眉毛胡子一把抓、指东打西、朝令
夕改……整得我们欲仙欲死！我们的直接体感就是：本土客户太难
做了！

　　可是，现在有钱的、肯花钱的大多是本土客户……这就尴尬

了！不做吧，活不下去！做吧，做来做去自己都做得不想活了。咋办呀？无路可走了吧？

真的无路可走了吗？我怎么觉得特别是最近两三年，本土客户开始越来越积极地寻求和奥美合作，甚至很多是十年前与我们有过合作的经历再吃回头草的，并且吃回头草的态度极其真诚。也就是说，当年说我们不接地气的、水土不服的、贵的，又回来找奥美继续做同样的事情……这说明了什么呢？

通过这几年亲历的对本土客户的服务经验，我大概想明白了几件事。

第一，中国的企业长大了。30年前，大多数本土企业都还处在"少年"期甚至"幼儿"期。那时，西方任何成体系的理论和方法论无疑都是"营养丰富"的好东西。那会儿代理商的日子，不要太好过！可是十几年后，如同人一样，本土企业从少年儿童成长为青年了，也就开始显现出自身的特性及个性了。对于这些企业来说，身强力壮的时候，仅仅"吃饱"就不行了，还要"吃好"，最好是为自己的独特口味量身定制。于是乎，它们不再接受套路，开始挑剔曾经膜拜的各种咨询公司和4A公司，开始大量地从本土代理商那里寻求解决方案。又十几年过去了，今天，很多本土企业开始步入"中年"，自身特有的性格开始逐渐成熟并沉淀下来。这时，越来越多的企业开始回头去重新消化当年生吞活剥或者弃之不用的很多"不接地气"的策略，并开始认同体系化、条理化的思维方式和工作流程。于是，它们开始重新回来寻求与4A的"联姻"。这一次，很多本土企业寻求的是真正能和它们一起脑力激荡的伙伴，而不再是会念经的"外国和尚"和一招鲜的"本地郎中"。

第二，我们曾经奉为圭臬的很多方法越来越不灵了。相信这些不用我多说，大家都能感觉得到。没错，科技的发展导致传播的整个产业产生了天翻地覆的变化，产业链格局的改变、利益的重新划分、商业模式的新陈代谢，最终暴露出一个残酷的现实：我们这么多人好不容易掌握了那么多理论、练熟了那么多工具、吃透了那么多套路……你现在把生产线改了！把什么都掺合在一起了！然而，这就是现实啊！还不是一个两个客户这么干！它们不分什么商业策略、市场策略、传播策略，总希望品牌是解决一切难题的万能灵丹；它们还说不清楚到底要你干什么，你要是不想瞎蒙就只能兼职把麦肯锡的活儿干了……这还让不让人活了，这得一个人身兼多少个角色啊?!嘿嘿，答对了！在整个行业重新稳定下来、重新形成新的稳定模式之前，谁也不知道顺应时代发展的新型人才长什么样，咱只能多刷点技能增加生存能力了。

第三，别对本土客户怀有成见。每当我快被它们的各种言行搞得崩溃时，就会想起当年那些亲爱的跨国企业客户……然后，我就平静了：你让一个二三十岁的年轻人和一个七八十岁或一百多岁的睿智老人比成熟，本来就有点不公平吧？所以，接受它们的不完美，大型跨国企业在二三十岁的时候也是这个样子。于是，我的心气儿就顺了。当然啦，这么想有助于我们缓解现实压力，但必要时还是可以选择说"不"的。

最后，我还想说的就是：这是最好的时代，也是最坏的时代，因为我们真的有可能和我们亲爱的客户创造出前所未有的精彩，但除非你真的热爱这里，否则可能熬不过那些困苦。

与中国
本土品牌一同发光

谢孟
奥美北京客户总监

有营销专家做过一个有名的可乐实验——在拆掉商标的情况下，有 51% 的受试者喜欢百事可乐，44% 的受试者喜欢可口可乐；贴上标签，再喝一次，喜欢可口可乐的人变成了 65%，而喜欢百事可乐的人只有 23%。这便是品牌的"魔力"。

而大众眼里的大多数中国本土品牌，好像总少了一些这样的"魔力"。甚至在不少年轻的营销新人眼里，本土品牌就如同它的来源一样，本来就"土"。这样的有色眼镜使得每天的工作都存在不自洽，更避免不了与客户的矛盾，以至于营销人员在纠结、迷茫、痛苦中挣扎着、坚持着。

这篇文章没有具体方案去解决上述这个情感和观念的问题，但我至少可以从一个客户服务人员的角度和你聊一聊，服务本土品牌意味着什么。

摸爬滚打，成为杂家

不少中国本土品牌的发展阶段、体制架构（规模）和员工专业意识，相较于成熟的国际品牌是较为初级的，这造成了在推进一个较大项目时，很容易出现内部分工不明确、意识不统一、各自单打独斗、问题层出不穷的混乱现象。而大多数项目又是团队行为，需要客户内部各部门联动，这就意味着你可能会因为同一个项目对接品牌部、市场部、活动部、产品部、公关部、媒介部、销售部，甚至更多部门。同时，本土品牌的客户对主导传播代理公司的依赖非常强，它们可能每天都会咨询你大大小小、形形色色的问题。

这是服务本土品牌的福利之一：你将涉猎更多领域，以最高效实用的方式，趁机学到更多；这也意味着你必须主动掌握每一块业务的运作逻辑和方法，尽可能让自己成为杂家。

学做创意，若客户要得急，左脑和右脑并用；学做制片，熟知一部片子从构思到交付的所有环节和注意事项；学做文案，文案工作人员忙不过来的时候，能及时顶上写宣传语和广告片；学梳理策略，学撰写新闻通稿，学策划一场大型发布会……能屈能伸，可甜可咸。你多掌握一项专业技能，也就多一个制胜筹码。

营销是一个很包容但又很苛刻的行业，门槛极低，上限极高。它像一家综合类书店，永远有你不知道的东西。所以"学杂了"对于营销人来讲，是好事，也是必修之事。

这行哪有天生斜杠，全是硬扛。服务本土品牌，你需要有勇气、有谋略、有毅力地扛下更多。你没有权力糊弄客户，不懂装懂是这个行业最愚蠢的行为。

回归营销本质，注重实际效果衡量

中国本土品牌有别于国际成熟品牌的现实差异性是：多数本土品牌发展历史短，品牌力与产品硬实力并未深入消费者心智。这一事实决定了它们必须更加务实地偏重市场份额，弱化品牌文化；重产品销售层面和价格层面的竞争，轻文化输出和品牌价值的打造。

这是本土品牌在面对生存压力时的现状和无奈，也留给服务本土品牌的机构更大的挑战和机会——挑战是，这大大限制了营销人的创作空间；机会是，是否做得出能解决客户实际问题的作品。

对此，我的观点是：以营销人的身份，为客户雪中送炭。

与其埋怨客户听不懂你心花怒放的好创意，不如静下心来琢磨一下，这个不买你创意的中国本土品牌，到底需要什么？如果你愿意与客户为伍，会发现自身观念的转变——从希望把这个品牌做成自己幻想中的样子，到发现这个品牌自身的光环与不足，用营销人的专业能力助它成为它应该成为的样子。

尽你所能，编一支戴着脚镣跳起来比不戴更好看的舞。这条编舞的路很难，但需坚持。要理解客户，毕竟大多数中国本土品牌靠卖产品为生，尤其是民营企业，它们每一分花出去的钱都必须听见响。它们留给广告人的创作容错率极低，而我们要在更低的容错率下交出最合适的、能为客户"雪中送炭"的作品。这或许会比"锦上添花"更让我们有成就感和满足感。

服务本土品牌不单单是营销的事（要真的是就简单多了），还关乎企业管理和运营，甚至更多。这造成了本土企业和营销公司普遍存在着一些分歧，比如观念分歧、制度分歧、目的分歧等。在解决分歧的过程中，每个服务本土品牌的营销人都是在摸索中尝试，谁都不知道这法子是不是最好的。同时，这个过程也会让你收获更广阔的东西。

营销既然是商业行为，那就要遵从商业原则。在服务本土品牌的时候，营销人更应该坚守用创意帮客户解决生意问题的原则，返璞归真，回到我们的根本："We sell, or else."

走近"品牌主人"，成为"品牌主人"

这里我想分享两则故事，来诠释我关于"品牌主人"的观点。

走近与品牌融为一体的"品牌主人"

2019 年年底，在筹备某中国本土品牌的三周年庆典时，我有幸全程参与了品牌创始人微电影的创作和执行，也借机接触了创始人本人。

创始人微电影在国庆期间于阿拉善执行拍摄。作为品牌真正的主人，创始人在风沙中一吹就是十几个小时，不知道吃进多少口沙子。他拒绝单独休息室和特殊饭菜，转场期间能和任何一个工作人员侃侃而谈，杀青后主动找现场所有执行同事握手致谢。你能感受到他骨子里散发出的真诚、务实，还有大男孩气。

创始人的风格与品牌文化主张、产品定位如出一辙。这使我认识到，创始人的性格就是品牌最内核的性格，创始人接人待事的态度和方式所透露出的品性，就是这个品牌的真实画像。

没错，大多数中国本土品牌的品牌资产是十分匮乏的，没有厚重的历史底蕴和故事沉淀可以挖掘，以至于你好像并不知道"它到底长什么样"，也"没什么可说的"。而这意味着，越是这样的品牌，越需要我们发挥主观能动性，更灵动地去挖掘一些品牌相关资源。

你可以暂时脱下营销人的外衣，走近和品牌强关联的那群"品牌主人"，把他们当朋友去了解。如果有机会，走近创始人，走近真实用户和粉丝，走近工程师，走近车间主任，走近产品研发，走近终端销售，等等。他们是属于品牌的一张张行走的名片，了解他们能使你更深切地触碰到中国本土品牌滚烫鲜活的存在：一是能使品牌个性更为清晰，让你越来越知道"它到底长什么样"；二是丰富创作资源，让你越来越"有的可说"。这也是成为"品牌主人"的必修课。

成为与品牌同休共戚的"品牌主人"

筹备三周年庆典之时，这家本土汽车品牌全国规模最大的车友会——武汉车友会的会长也和我们在一起。当他得知品牌高层都会莅临庆典现场时，托我转达与技术负责人做一个简短交流的请求，因为他有一些技术层面的想法和建议。于是，在三周年庆典彩排的间隙，品牌执行副总裁和这位车友会会长在咖啡厅聊了近两个小时。这场交流直到副总裁的彩排时间才被迫结束。

你可以将这次交流理解为一场技术宅之间的深度对话，也可以认为他们因为一辆车而惺惺相惜。在我看来，他们之所以这么做，最根本的原因是他们都把自己当成了品牌的主人，希望它变得更好。一个普通的车主，也是一个"品牌主人"。

大多数本土品牌的客户是缺乏安全感的。这意味着服务本土品牌的营销人，更应该培养自己的"品牌主人"意识——时常怀揣"老父亲心态"，把品牌当成自己的孩子，告诉自己：别管别人家孩子什么样，不能让自己的孩子输在自己手上。

做本土品牌，责任更大。有时候，弄错一个事项就可能弄死一个品牌，这不是说着玩的。所以在日常工作中，我们更应当时刻有

"品牌主人"的姿态，多想一层，多走一步，把对奥美的满腔热忱，转化成对你所服务的品牌的满腔热情。只有"仆人"才会只完成作业，"品牌主人"应该创造更多可能。

写在最后

奥美北京的墙面上有一行字："最国际化的本土企业，最本土化的国际企业。"这是鞭策。

做本土品牌很难，因为本土品牌本身就很难。

本土品牌更有人情味，你陪它从无到有，与它共患难后，它会永远记得你。

当怀揣着民族品牌使命感，走近它，感受它的脉搏，经历它的辉煌与落寞，试图倾尽全力成就它的时候，你会慢慢发现，那个曾经在你看来"本来就土"的本土品牌，也变得可爱起来。

要做自己的方案，
先整对方的团队

吉霄雯
奥美深圳副总裁

"亲爱的×××，我们马上要启动一年一度的×××全球大会，此项大会对我们而言非常重要，关系到我们全球的品牌形象建设。我们决定邀请你们共同参与完成，请务必重视，并确保配备最优秀和专业的服务团队。"

某个明媚的清晨，我们收到一封同样明媚的邮件，一个可以直接参与无须竞标的项目。在这个商业社会，能有前期不需投入、直接拿到项目的生意简直就像微信摇出一栋别墅一样让人兴奋。于是，我们迅速邀请了资深专家和我们一起前往客户处了解背景，听下来基本内容就是帮助客户思考本次大会的主题、主题发言内容、议程安排、全球意见领袖的建议。说白了，都是围绕内容层面的思考和产出。鉴于对这个行业的经验和洞察，我们信心满满地承接了这项业务。

三天后，我们又接到一封邮件：

"亲爱的××× ，我们马上要启动一年一度的×××全球大会，此项大会对我们非常重要，我们需要妥善安排本次传播，决定邀请你们共同完成。"

看上去是同样的项目、类似的需求，但我们纳闷，为何又是一封邀请信？和客户面聊之后才搞清楚，这次的需求来自项目的传播组，而上一封邮件来自内容组。

这让我产生了惊异：传播和内容，在我们日常认识中这不可分割的两部分，在这里被客户理解成两件事情。

其实，对于很多重要的项目，有两个团队一起工作并不奇怪。奇怪的是后面的要求，这次传播组希望我们在半月之内拿出传播策划方案，然而半个月的节点，按照内容组的推进计划，不可能有对大会主题、主题发言、议程安排等方面的定论。于是，我们向传播组解释，这个节点估计有问题，因为内容组的方向确定不了。而传播组的回复是这样的：

"我们不管，我们需要对传播组的工作负责，这个时间是我们领导规定的。"

"那你们领导知道内容组的规划吗？是否需要对齐？"

"不用，我们是两个独立的部门，他们的推进情况不会向我们报告，我们也没义务参与他们的工作。"

"但传播组的这份计划需要承接内容的方向啊。"

"在你们参与进来之前，过去几年，我们两个团队都是各自推进的。"

"那如何确保对这次大会的规划，你们两个团队的产出可以融合在一起呢？"

"先各自规划，等内容组最后确认了，大家再一起对标，进而不断调整。但总之，我们不会坐等内容组的计划确认再开始动工。"

听到这里，最初的"惊异"开始升级，我不知道是我以前的经验认知有问题，还是这家企业对传播的认知以及对应的分工安排有问题。那一刻，我想象不出来一份没有内容的传播规划应该包含哪些部分。我也困惑，怎么会有企业将"传播"这件事情以产品流水线的形式去拆解分工，最后将各种完成的"零部件"拼合在一起进行组装？

在我们看来，一份完整的"传播"规划要有受众的分析、内容的策略、创意的方向、传播渠道的建议、传播结果的评估。各个部分可以独立作业，但先内容、再渠道的关系如同水和冰的先后顺序一般，无法颠倒，不能并行。面对客户这样的需求，面对这样庞大的企业组织，面对这样复杂的汇报机制，我这个层面是无力去改变和说服的，唯一能做的事情就是想出应对这种情况的策略。

我们开始迅速讨论：或许可以基于传播手段和方法给一些建议，作为传播计划的一部分先交差，等内容方向确定了再于这些渠道方式上进行填空，但这样的做法很可能达不到传播组同事的预期；或许我们可以依据自己的理解对内容先有一个大致的规划，然后以此为本进行传播渠道策划，但这样的风险就是后期要经历反复的调整和修改，而且这是一个"全球传播项目"，需要邀请诸多海外同事一起加入，他们对这种工作方式非常排斥，在搞不清各类内容方向的前提下，他们基本是不会动笔的。更糟糕的是，按这种思路做事，说不定海外同事还会给你安一个"无法管理客户"的罪名升级到大老板那儿去。

这一刻，为了完成传播组无内容但要渠道计划的强硬需求，我们要处理对外和对内的双重挑战。

最后，我们能想到的解决方案还是回归客户，和客户的主管领导进行深度沟通。我们主要解决以下两个问题：第一，传播包括什么，其目的是希望客户理解内容对传播方案的灵魂意义；第二，传播组和内容组的分工协调，这一问题是第一个问题的延续，其目的是希望客户规定传播组和内容组"在一起"的工作机制，毕竟，大家对内容和渠道的理解，要时刻处于同一世界。

幸运的结果得益于本次沟通的成功。我们以真诚的态度苦口婆心地多次劝导，整合了内容组和传播组一起工作。虽然他们还是各自关注自己工作的重点，比如内容组看事实背后的提炼意义，传播组看渠道的应用策略，但好在双方开创了历史性的首次对话，我们的各项研讨会此后就在两个组的共同听取下展开和进行。

如同这个案例，为了做好自己的工作，在很多客户那里，我们还需要替客户的内部工作分工和流通机制"操心"。虽然我们也不想多找麻烦，但为了工作成绩不被那些分工不清和汇报机制的隐患影响，就得卷起袖子，先拔杂草。

深邃的概念
和脆弱的内容

吉霄雯
奥美深圳副总裁

深邃的概念和脆弱的内容，我觉得这是大部分企业做传播时会经常陷入的困境——概念上一味要求或时尚或深邃，但懒得想，或者不愿意深究目前的行为是否可以支持这个概念的内涵。如果一个概念的成立需要 5 个必要条件，很多企业只要沾边其中一个，就恨不得把这个"概念"的传播先机占为己有，并要求传播代理公司解释圆通。

对于传播代理公司而言，解决方式无外两种：一种是放弃逻辑关联，硬说，但隐患是，如果你的客户处于红海混战行业，哪天对手想揭短，你这个"硬说的逻辑"会即攻即破，搞不好还会引发危机；另一种是说服客户，告诉客户"这条路子走不通，应稳妥行事"，寻找合适的定义标签，那随之的隐患就更多了去了，会给外界留下不理解客户需求的印象，会被贴上脑筋死板的标签，更糟糕的是也许直接被扣上不具备专业能力的罪名。

我下面要讲的一件事，颇符合本文的主题。

暑期临近，大家开会讨论一个客户的促销政策。和很多促销的商家一样，无非是买几送几、以旧换新之类的利益配比。但当大家探讨到如果以旧换新，如何处理旧件时，客户要求我们以"循环经济"的概念来包装整个促销故事。

循环经济?！这是多么严谨的概念。

我们顺势问："请问你们是如何理解'循环经济'这个概念的？同时，对待旧件的处理，是否是有计划地依照对循环经济的理解进行的？"客户解释，从他们的理解看，"以旧换新"的行为就是循环经济的体现。至于回收处理，客户说不出来任何有效信息，只是一句"授权专门的公司去回收了"，并给了我们一个回收企业的联系人电话，嘱咐我们去询问这个人具体的回收处理细节。

听完后，我们觉得有些哭笑不得。循环经济，何谓"循环"？是通过管理设计，从原料的加工制造到中间的产品呈现，再到最后的废料再利用，都可以自成体系，形成循环再生产。

如果将"以旧换新"看成循环经济的表现，那它充其量也只是其中的一环，这一环离"循环体系"的自洽系统还差很多。有些无奈的是，企业还没理解自己的基本事实情况，就"前瞻性"地给了传播代理公司一个"华丽"的概念要去做传播，而不管这一要求是不负责任且孱弱不堪的。

不过，我们还是抱着希望，接洽了那位被推荐的回收企业的联系人，希望他的回复有机会让"循环经济"的概念自行成立。

但可想而知，回收企业的答案还是不尽如人意。

"嗯，对于旧件，我们按照国家标准的废弃程序进行了处理。"

"何谓国家标准的废弃程序？"

"就是在废弃过程中有效提取金属和塑料，并用于再生产。"

"那最近的一次回收，总共多少旧件？一共提取加工了多少金属和塑料？"

"这个……得询问废弃公司了，我们了解不到，而且这些都是严格保密的，估计废弃公司也无法向外宣布。"

"那是否了解被提取的这些元素用于哪些再加工生产环节，以及效果如何？"

"这些……就更无从知道了，或者可以尝试去问问客户。"

很无奈，当我们回头找到客户时，得到的答案也还是不清楚。但"循环经济"这个大帽子已经印在客户脑海中，不能被轻易抹掉了。

估计类似的事情，传播代理公司遇到的不少。

公关是一种传播，而传播本质上是一种说服的工作，若想说服成功，就需要可信的论据支持。这些论据，可以是案例，可以是数据，也可以是权威证言，但无论是什么，你自己首先得有据可考。如果今天我们的公关工作是盲目地找到一个好主题、好概念，却丝毫不考虑公司行为的支持性，生拉硬套花架子去说故事，那就等于为了"说好"而信口狂言，总有一天这样的狂言会被揭穿，为企业的未来发展埋下危机隐患。

这个逻辑跟人与人的相处之道非常相似。我们也期望我们信任的人对我们诚实，只要诚实，我们愿意原谅他们的一些过失；而如果对方说谎或强词夺理，那或者当场，或者假以时日，我们总会看穿对方的谎言，届时我们的怒气会让我们难以原谅对方。对企业来说，"不原谅"是对其品牌资产的最大损伤，一时之得不能偿长久之失。

写到这里，我想从这个案例中我们可以得到两点归纳性的启示：第一，对传播言语的尊重和敬畏——每个概念都要有定义，每个定义都需要被证明，每个证明要尽力坚实；第二，对公关角色的强调——在大部分人的眼中，公关就是来说企业好的，但这种说好应该不盲目、不从流、不虚妄，要实际、真诚、可信。在这个熙攘的互联网经济时代，公关言语不应该去参与共谋"主观任意性下那令人生厌的浅薄与喧闹"。

最后还要告诉你，"循环经济"传播故事的结局。我们说服客户老板，不提"循环经济"，取而代之的是留意即将到来的废弃报告数据，并将它作为支持论据的一部分汇总至企业社会责任白皮书。

张仪的舌头
和 Account 的嘴巴

吉霄雯
奥美深圳副总裁

　　史家对张仪的评说莫衷一是，有的说他狡猾阴险，有的说他客观务实。今天，我们对他最深的印象，也是"策士诡辩"，"靠一条善辩之舌，谋得荣华富贵"。但无论哪种评价，都不能否认他以滔滔雄辩之才，出将入相，解体了六国合纵之策，助力了秦国的统一霸业。这期间他虽然经历了几次跟孟子的骂战，却依然博得了景春（孟子的弟子）对他的一句评价："一怒而诸侯惧，安居而天下熄。"

　　张仪对自己的雄辩之才有充分自信。他曾因偷盗和氏璧的嫌疑被抓，遭鞭打数百，仍然不招，最后被放回家。老婆问："子毋读书游说，安得此辱乎？"他只简单回了一句："吾舌尚在，足矣。"他相信自己的那条舌头可以为自己赢得日后的成功和财富。

　　张仪有先见之明，他的确因自己的舌头打造出在历史上的知名度。无论古今，说话能力，或者说沟通能力，在一个人实现人生抱负的过程中，都占据"头等重要的位置"。当然，这里得澄清一下，认可说话能力占据"头等位置"的重要性，不等于鼓励"光说不做"，也不是提倡"巧言令色""工于辞令"，更不是怂恿"没了立场""趋利而谈"。说话的重要性在于话说得有效、切中要害，让听者心服口服，继而推动行为。这说着简单，其实学问很大。比如，在我们这个行业，也存在一个特别需要靠"嘴巴"生存的职位——Account（客户服务人员）。

在奥美的内部变革之后，Account 的角色变得更为综合，除了是流程上的管理者和推进者，更是客户对话者、策略沟通者、创意启发者、资源调配者，甚至财务风控者……面对这诸多角色，可想而知，对内外、对上下，Account 的嘴巴每天都在动个不停。我曾经做过一个观察，一个 Account leader（客户服务团队领导）在客户会议上滔滔不绝，平均每分钟能讲 20 句。如果一天需要保持这样的沟通 3 个小时，那他需要讲 3600 句。如果你是这个 Account leader，这其中有多少能达到有效沟通？有多少是你经过思考和策略拉开的交谈序幕？有多少你觉得自己说来说去被绕进了对方的圈套？又有多少你费力万千，却被客户一句冷漠的反馈或老板一句专横的定论浇灭一腔豪情？

对于以沟通为己任的 Account 来说，"有效对话"是最高的能力体现，你的嘴巴决定你能捧起什么样的饭碗。那怎样才能捧牢这个饭碗，让每句话都掷地有声、传达到位呢？要做到这一点，我们先要了解，阻碍有效对话的障碍是什么。归结起来，当沟通出现断档和板结时，大家心里常出现的反应和抱怨，不外乎以下几类。

第一，角色不对位。

最经常发生的情景是：你跟同事一起去开会，提出一个方案或者一个创意，你倾尽苦口，仍无法说服客户，但当领导、创意或策略出台补充或者表达时，局面立刻扭转。此刻，你最自然的心情一定是：如果今天我是领导、策略或创意，便拥有了权威性去传递这些观点，这样对方容易信服。这时，你的心理假设是——有效说服靠的不是观点和证据，而是角色。

第二，气场不相融。

跟客户沟通也好，跟内部团队不同人员沟通也罢，几句话下来，你不断被挑战和质疑。然后，你一脸不屑，听着对方的观点，审视观点中暗含的立场和原则，最后拍案而起，绝尘而去。同时，你心里默想：反正真理在我手上，既然跟对方个性不容，那就不多一句废话。这时，你的心理假设是——有效说服靠的不是对话共创，而是缘分相惜。

第三，话由个性生。

发生对话的个体总是千差万别，有一类人，天性是嘴巴快过脑子。此时，如果你表达得有力切题，总是会在一堆人中先攀高峰，收获瞩目；如果你不先考虑情势站位，表达不假思索，或者词不达意，绕来复去，基本就是误会丛生，生得嫌隙却并不自知，还会用一句"我就是这样心直口快"作为自己沟通不当的借口。这时，你的心理假设是——有效沟通靠的不是逻辑，而是个性包容。

沟通和说服，是需要章法的。屡次发生沟通不当，又总跳脱不出以上思考框架，说明我们自身对"有效对话"的认识失之偏狭，将"有效对话"仅仅等同于舌头灵便了。表面看来，张仪也是靠舌头，但细究里子，你会发现其实张仪靠的是学识、阅历以及对当时各国形势的深刻洞察，这样才能言之有据，切中要害。他洞悉楚怀王对土地的贪婪，用六百里之约断了楚齐两国的合纵；他窥探郑袖对失去大王爱恋的恐惧，用"失宠"之说（借助靳尚之口）解除了自己的囚禁；他明白功高震主的威胁，利用齐魏矛盾，让秦武王准备三十辆兵车将自己安全送到魏国，以远离秦国，求得宁静。在这一场场"有效对话"之中，张仪面对的是不同的沟通对象，每个沟通对象的"立场""气场""个性"都不同，这些都是张仪对话前分析的基点，或者在对话中巧妙借助的因素，而不是张仪所扮演的"角色"、正好碰上的"缘份"或正好相配的"个性"发挥了作用。对沟通对象的洞察和分析是张仪实现"有效对话"的内功，富于鼓动性的言论是帮助内功外化的技巧。如果只有言论技巧，张仪远不足以成事。

以张仪为鉴，我们来看看有效对话的原则到底有哪些。

首先，利他策略。

张仪一开口，就能精准把握对方的欲望和恐惧，据此切入，晓之以理，抓住痛点，攻破心障。今天，Account 在对外沟通客户、对内协调伙伴时，如能秉持他者立场，会更容易被接受，更好地为后续求得共识铺路。

学者陈望道提出说服成功的来源有两个，第一个便是题旨和情景的洞达，这要靠生活的充实和丰富。正所谓"世事洞明皆学问，人情练达即文章"。Account 的工作随处需要情商，若对此熟视无睹，或者没心思修炼，就会缺失有效沟通的一个前提——人情世故的判断力。

其次，"是"字优先。

今天是一个如此寻求他者认可的时代。看看发生在我们周围的对话，谁都在为尊严而战，所以别开口就摧毁对方的尊严和面子。你有你对专业的思考，我有我对生活的体认，批评和训斥往往会招致反抗，火遇到火便成了火灾。你的高明只会徒增对方的倔强，或招致漠然、沮丧甚至自暴自弃。"是"字优先并非取悦阿谀，更不致伤及真相和真理。况且，真理和真相本就是言者和听者一道发现的共享之物，对方一旦旁观和缄默，所谓的认同就只能停留在一方的唇齿之间。

再次，说服而非压服。

Account 分资历深浅，那些资深的伙伴，免不了为了高效沟通，直接抛出一句"我决定了""按我说的做""我用我的 ×× 年从业经验告诉你……"，凡此种种，都可快马加鞭地实现"和谐"和"言论一致"，但长此以往，要付出信任丧失的代价，共识自此销声匿迹。说服暗含多元性观点的存在，沟通过程本身就是互相了解并动态调试对方立场的过程，基于此得出结论，更利于建设双方之间的信任。

最后想强调一点，古希腊哲学家亚里士多德曾指出，有效的说服离不开三点：品格、情感和逻辑。

品格代表了说服者自身的素质，情感用于引发共鸣，逻辑则与说服内容相关。在这三者之中，亚里士多德将说服者品格视为最重要的前提，因为"在所有事情上，我们更多和更愿意信赖好人，特别是在那些沟通不精确和有疑义的地方，毫无保留地相信"。

所以，无论是古时的"舌头"，还是今天的"嘴巴"，如果你是个好人——能被他人信任之人，德性之光总能照亮那些言语破灭处。做个被他人信任的人，是你动用如上章法的根本。

第四章

奥美文化

在奥美
做一个"扭秧歌"

郭元秋
奥美北京经营合伙人

2018年的春节，和往年的春节很不一样。给我拜年的微信大都以"奥叔"相称，包括一些服务的客户。我心存善意，没好意思告诉他们，其实他们很多人的年龄都比我大，我愿意把这个秘密深藏一生。

对我来说，"奥叔"这个称呼像东北老家过年时候放的"二踢脚"，一下子把我惊醒了，自问：自己真的老了吗？

我回头望了望跟我一起回东北过年快到5岁的A米，他是我的第二个儿子，也是我在奥美期间的"得意"作品之一。他天真无邪、无所畏惧，经常在我小时候的院子里跟在他50多岁的大伯后边讨要各种烟花，并亲自点燃，然后欢呼雀跃。对于他，每一天过得都跟过年似的，特别让人羡慕。这让我想起奥格威曾经说过的，在广告这个行业对新鲜事物要永葆好奇心，这可能是让你永远年轻、拥有巨大热情、对这个行业无比热爱的最大秘诀之一。

2018 年 3 月 4 日，是我到奥美的第 15 个年头。很多奥美的年轻人问我，是不是来到奥美的第一天就决定走到这一年，坦诚地说：根本没想过，也未曾想到过。不过有一点可以肯定，我一直热爱我从事的这个行业，并对其保持敬畏之心，从不懈怠。现在想想第一次接到 TRC（人才资源中心）的入职通知电话的时候，和很多如今的年轻人一样，我的兴奋程度比 A 米看到烟花绽放的那一刻有过之而无不及。虽然没有现在年轻人鲜衣怒马大杀八方的万丈豪情，但也有一种要独自仗剑走天下的侠骨柔情。

后来发现，自己手中根本没剑，也无侠骨，更无柔情，只是"走"了过来而已。口袋里揣着一张纸条，上面写着：不被别人落下，忘记时间，一直走下去。

所以，我一直笃定我在奥美是属于那 37% 占比的 90 后。我为何如此笃定？

不做偶像派，不做实力派，要做体力派

黄渤说他在拍摄《疯狂的赛车》结尾那组长镜头的时候，跑了一整天，后来累得吐了。他说他靠体力获得了最终的电影奖项，这在电影奖项里也属于奇迹。

在 2017 年奥美足球队颁奖典礼上，我拿了全年进球纪录奖，一

场比赛打进 7 个进球。刚入队的一个 1994 年出生的奥美同事喝酒时对我说：奥叔，我估计踢不到你这个年龄就退役了。我当时回答：我觉得你现在就已经退役了……

心有猛虎，细嗅蔷薇。

大家都认为我们这个行业是脑力劳动，靠天分。我觉得我们也是在进行体力运动，还要靠勤奋。很多人是灵魂走在了前面，腿脚没有跟上。所以要想做个"年轻人"，一定要首先立志做个"体力派"，找一个自己可以钟爱一生的运动，坚持把它变成习惯。当到了不惑之年的时候，你会收获颇丰，想做偶像派就是偶像派，想做实力派就是实力派。

的确，工作能力讲究的是经验、知识、积累，但也关乎精力、健康。记住，身体好、身材好，就是最大的实力，身材就是你的身份。无论在哪儿，充满激情与乐观豁达的人，总能无条件地吸引人。

坚持好好学习，就要天天向上

这个时代不会阻止你自己闪耀，但你也掩盖不了任何人的光辉。

凯文·凯利就一针见血地指出："这个时代，哪有什么大师，人人都是菜鸟！"谁能保持深度学习能力，谁就能给"菜鸟"插上翅膀。

　　未来，一个优秀的营销公司的活力指数应该是被年轻群体所决定，而不是像传统时代那样靠一两个偶像来一统江湖，客户为此趋之若鹜。今天，只靠两个狠角色已经无法撑起一个重大营销战役，先进的做法是将前端工程师、后端工程师、战略咨询师、美术指导、文案、业务执行、策略专家、交互设计师，甚至是一个行业的达人放进一个团队，进行社区化管理，制造激动人心的化学反应。

　　年轻团队的多样性很容易创造超级价值。像TB（奥美集团大中华区董事长宋秩铭）说的在我们进行"一个奥美"变革以后，多角色在去客户处开会的出租车上完成创意并不是天方夜谭。

　　亲爱的年轻人，在这个时代特别是营销这个行业，做个落伍的老年人是"寂寞"和"痛苦"的，这无关时尚，无关金钱，"话语权"的落伍才是要命的。如果每一天，我们这些所谓的"老人"感觉跟年轻人说话都特别费劲，掌握不了"话语权"，这时候就应该用毛主席曾经给我们开的药方：好好学习，天天向上。有权威统计，不断学习能够预防"老年痴呆"，学习会让你思维敏捷、永葆青春。

　　在营销这个行业，不要把自己当成一个文艺工作者，其实我们都是手艺人，手艺人就要技艺精进。忘记年龄的鸿沟，互相学习，因为只拥有不连接就是一个孤岛，也会让你越发孤独，最终落寞地老去。最重要的是，没人记得你曾经来过。

坚守一生，学会与自己相处

赫尔曼·黑塞在《德米安》一书中写道，对于每个人而言，真正的职责只有一个：找到自我，然后心中坚守其一生，全心全意永不停息。所有其他的路都是不完整的，是人逃避的方式，是对大众理想的懦弱的回归，是随波逐流。

我们身处这个行业，都知道战略最重要的就是选择。在如今这个时代，不是没有选择，而是选择太多。很多人到了40多岁，还在做选择，不知道自己喜欢什么。这才是你有时候心有不甘而又无所适从的重要原因。因为喜欢可能会让你多一份坚守，多一份执着。

任何行业都有一个简单的基本道理：坚持只做一件事，一定会做得更好。当年进入奥美时，我也面临很多选择，但一直认为这是我最好的选择，因为我知道我喜欢这个行业，某些天赋会让我在这个行业做出点"小成就"，同时永远把自己当作一个年轻人，找到内心的那个我并让其激发着外在的我不断向前，从不回头。

做一个眼中有光、心中有路的年轻人。

我们这个行业还需要一点理想化，余光中说过：理想会让你与众不同，理想主义者的结局可能悲壮但绝不可怜。多给自己一点时间去思考：我是谁？从哪里来？到哪里去？学会自我欣赏，学会与他人不同，拥有个人风格，我就是我，颜色不一样的烟火。

作为年轻人，你可以狂傲地说自己不在意戛纳那座金狮，但千万别隐藏那颗渴望的心。一定要在意知识的储备与信念坚守，它可能会让你在越来越无聊的时代变得越来越有趣，而且年轻人愿意与你为伍，你也永远会是一个走在时代前沿的"扭秧歌"（New Younger）。

时间是个无声的审判官，过尽千帆后，把错过的都留作风景，经典的化为记忆。

不和青春说告别。

前些天在豆瓣的影评里看到一句话：别跟年轻人讲道理，人生该走的弯路，一米都少不了。

这正是一个弯道超车的时代，年轻人们，你们的时代来了，顺势而为，踏刃而起，我愿意与你们一起。

奥美
教会我的一切

李想
奥美北京前公关总监

奥美有情，我又何其有幸。八年光阴，选择了一条可能是最辛苦的路，但最终让自己收获成长和蜕变。奥美让我感受到的大气、包容、年轻、热烈、爱，让我至今仍然为曾经是这里的一员而深深自豪。

奥美教会我的一切，我想传递下去。有道有术，方成始终。

用一种"你能行"的态度回应一切
（Always be responsive, with a can-do attitude）

奥美聘用有相同工作态度的人。是的，工作态度非常重要。它是职场生产力的来源，是公司积极向上发展的最大驱动力。

对于同事的协作诉求，第一时间发出响应

千万不要认为"反正我已经开始做了，等到有结果再回复也不迟"。相信我，第一时间回复或响应同事、伙伴的需求（无论是用邮件，还是工作群组），是礼貌，是尊重，更是专业性的体现。这会给你的"第一印象分"加很多分！

多换位思考，给出积极反馈

只是第一时间响应还不够，反馈的内容也很重要。尽量给出积极的响应，而不是过早地说"不"。在解决问题的过程中，展示你的专业性，而不是通过说"不"来一不小心给别人留下"不合作、不积极、没能力"的坏印象。在我十几年不长的工作经历中，真正无法解决的要求，真的是一只手数得过来呢。很多时候，换个角度思考，问题通常会顺利解决——在这个过程中，团队领导的点拨也是很必要的。

有全局观！（Be strategic!）

这是成为一个合格管理者的必要条件。是好士兵，还是好将军，就在于你的全局观和战略思考。

我看过太多的人，能够"一天处理一万件事"，但就是无法成长，所谓的进步，也仅限于从处理"一万件事"到处理"一万零一件事"。为什么？因为没有跳出事件本身去思考这件事的意义、目的和效果，甘愿日复一日地重复自己。互联网企业固然要求速度和执行力，但作为个体，要想走出完美的职业晋升曲线，必须要有全局观，能够"独立思考"，能够逻辑清晰地阐述自己的观点，追本溯源地看清事件的本质，并调动多方资源，给出最优解决方案。

魔鬼在细节中（The Devil is in the details）

还用多说吗？一封整齐的电子邮件、一份漂亮的 PPT 报告、一个干净整洁的 Excel 表格、一个排版和字体都恰到好处的 word 文档，甚至一通电话、一个微信信息——这都是你留给别人的"脸面"分数。不夸张地说，你的性格、你的职业素养、你考虑问题的细致和全面程度、你的责任心、你一切的一切，都在这里头了。"魔鬼在细节中"，这话在哪儿都好使。真的。

效率 / 时间管理
(Effectiveness/ time management)

要想效率和质量兼得，方法很重要。事件分清主次，时间安排合理，利用好零碎的时间，文件信息准确归档以便随时检索。这是我的方法——当然，电脑桌面也要随时清理，随时归类。

设定优先顺序（Set priorities）

脑子里有一个重要事件的待办事项清单（to-do list），这样你就可以知道大块的时间该如何分配。然后，让细碎的事情填满细碎的时间——而不是反过来，让重要的事情挡住了细碎事情的执行。

关于"小事情"：你需要转换一下思维

小事情不是可以不做的事情，而是可以"速战速决"的事情。那么马上完成它——小事情的执行程度，往往决定了你在几乎所有合作伙伴眼中的"效率"和"执行力"高低。

巧干（Work smart）的方法：不偷懒！

这是老生常谈。工作中偷懒，直接影响的是产出的质量，以及工作效率的高低。你的领导甚至伙伴可以一眼看出来，点破与否只是时间问题。千万不要自欺欺人，要 work smart ！

团队合作（Team work）

想想我们口中那些"独""油儿""ego（自我）太大"的人。应该没有人想在这个小小的圈子留下这样的名声，天才除外。说到底，你找下一份工作时，背景调查联系人，总不能填你自己吧！

工作简报清晰很重要

工作简报、目标、结果、过程都清晰描述，并随时和对方交流，确认信息不会在沟通中丢失。如果是别人给你一份工作简报，一定要好好消化，及时提问，弄清楚不明白的地方。如果从源头就是糊涂的，那这个项目推进起来就是没有方向的。

你所做即你所是（You are what you behave）

得道多助，失道寡助。信任源于关键时刻的强大执行力和自信的态度，名声也来自点点滴滴的日常工作的配合度和支持度。对自己的疆界保护得太死，就是自己限制了自己的发展空间和成长。

帮助团队成长，而不是"利用"团队帮你完成事情

这是一个态度问题。

"担当"，是一个领导的首要素质。别把自己看得太高，别认为自己永远都是对的——看不到自己的问题才是最致命的问题。替团队承担，保护团队利益，不仅能够合理分配团队资源，更能够带着大家撸起袖子加油干，做到这些，你才有可能成为别人眼中的好领导。

此外，要给予别人养分，特别是让资浅的同事能够从你这里学到东西，而不是做你的"保姆""秘书"，让他们在辅助你的工作中能够得到与项目相关的战略性和执行层面的能力培养，这点非常重要。所谓"coaching"（指导），其实很考验一个领导的能力。

学习、吸收，最重要的是：尝试！
（Learn, absorb, and most important, practice!）

在这个瞬息万变的行业，必须多看、多听、多学，并且"聪明"地提问。而比这些都更重要的，就是尝试，不断尝试！

学习很重要

我在面试的时候，喜欢问应聘者看什么订阅号、读什么书、关

注了哪些大的社会事件——这可以帮我了解他的学习习惯和知识构成。对于资浅的工作伙伴，我可以在合作两三周之内，就准确地判断出他是否值得培养。其实没有秘诀，你有没有在学习，都体现在你工作的点点滴滴中了。面试的时候难免眼拙，合作的过程则会暴露本质。不会学习，不懂得学习，不承认自己不会也不懂学习的人，在职场上不会有前途。

寻找你的楷模

在工作的过程中，无论是同事、伙伴、供应商，总有一两个，他们的职业、专业、眼界、洞察，足够成为我们的楷模。我们能做的，就是多和这样的人在一起，吸取他们的优势强项，把其转化成自己的竞争力。从现在起，就开始寻找这样的人吧！他就在我们身边。

你真的在听吗？

我可以很负责任地说，带着固有的念头和看法来和别人交流的人，永远听不到"新"的东西，永远不会有"被点亮"的感觉。有没有这种印象：你和一个人好像在交流，可实际上却各自在重复自己的观点，特别有"鸡同鸭讲"的感觉。工作的沟通需要拆掉脑子里的围墙，学会"听"，而不是过早地表达自己的看法。简单来说，请放下"执念"和那个过大的 ego。学会听。

兵是练出来的，不是纸上谈出来的

在头脑中百转千回一万遍理论，不如实际操练一回。哪怕重重摔了跟头，好歹也是实打实的经验积累。真正聪明的人是可以在摔打中不断成长、成熟的，没听说过谁是靠想，就搞出一个似锦前程的。"He who can, does. He who can not, teaches."（能动手的做事，不能动手的教人。）此处引文不是很恰当，但中心思想是不错的：理论和实践距离十万八千里呢。

他们说，
在奥美的 1.5 年很长，15 年很短

被采访人：石老师　奥美北京执行创意总监
　　　　　杨洋　奥美北京前资深客户总监
采 访 人：张宵雯　奥美中国前营销与传播经理

2016 年，杨洋加入奥美；2002 年，石老师加入奥美。

这篇文章，是两位入职时间相隔十多年的奥美人在 2017 年的对谈。他们可能角色不同、观点不同，但心里都对这个行业有自己追寻的方向，也有自己的答案。

从这篇采访中，可以看到这两位行业的新人和老人，到底如何看待自己的日常工作，有什么真实的烦恼，又是如何讨论自己所做过的选择的。

问：你到底是做什么工作的，有什么具体要求吗？

杨洋：我属于客户服务部门，一个总出头油、费洗发水的工种。这个工作的特点就是费脑，每天都要花时间去思考，包括写方

案、想策略、做企划之类的，从早到晚地费脑子。

当然，很多时候我也会陷入要把事情做完的焦虑状态，完全停不下来。但对我们这一行来说，要知道做事情背后的意义、是为了什么，每个判断都相当重要。

石老师：我的工作可以归纳为：给别人制造麻烦的同时自找麻烦。因为对"奥美出品"负有管控的责任，所以扮演着监工这么一个不讨好的角色。时常绞杀很多人付出大量心血，并认为"还不错"甚至"非常出色"的稿子，让大家继续花费时间把它变得更好。

毕竟，对我们自己有要求，才是在这个行业安身立命的根本，也是奥美之所以是奥美的缘故。

另一方面，这也是自找麻烦的过程。你必须准备足够的想法或方案让被否决者信服，应对他心里面"你行你上"的鼓噪，在有限的时间之内尽快解决问题。

身边都是头角峥嵘、个性十足的人。掌握沟通技巧，根据每个人的特质进行更有效的对话，也是需要耗费大量精力去研究的学问，这比想一个创意要复杂得多。

问：说实话，你觉得自己的工作辛苦吗？重新选一次，你还会选择这个行业吗？

杨洋：其实外人评价工作辛苦不辛苦，很多时候是用硬指标来衡量的。比如，是不是每天工作到很晚，是不是没有自己的生活空间了，是不是每天都忙于为客户反复打磨一个想法。这样来说，肯定是很不轻松的。但是不是乐在其中，就是另一个判断了。

我觉得，在你目标明确后，剩下的就是通往目标的过程了。我们都知道，过程是漫长的，一定会经历一些不愉快、不确定、曲折、反复，甚至是让人火冒三丈的步骤。但是，只要你洞悉过程，同时也明白目标所在，就会觉得是一种享受，这让我的工作很有成就感。

石老师：很辛苦，但比起天天在家里照顾孩子的全职主妇来说也算不得什么。

我们这一代人受父辈影响很深，做一个行当基本就一辈子。以前做过老师，也在甲方干过，给自己的评价是"你就适合做传播"，所以早就断了去别的行业或许更好的念想儿。自绝了后路，也就能更坚决谨慎地在这个行业走下去吧。

如果必须给一个答案，我还是会选择这个行业。你的一句话、一个主张或是一个想法，能够让亿万人受到影响，引发共鸣、引起思考甚至在失望里看到希望，那种幸福感和成就感别的行业无法比拟。

问：你怎么看待对方，有什么想对公司的前辈／新秀说的吗？
杨洋：石老师很庄重，走到哪儿大家都不敢说话。他是个创意人，是个艺术家，但也是个很冷静的商业社会观察家、人类未来的思考者。

我称呼石老师为"老师"，而不是"老板"，是因为我觉得他给我的感觉更像是自己的家人，像父辈，而非直接的雇用关系。我们在面对这样的人的时候，通常会展现出两种情绪。第一种是，我们是孩子，还可以得到保护，得到教育；第二种是对抗，这种对抗就像天生的，是儿子想要对抗父亲，学生想要超越老师的那种感觉，还是有一种对抗因子在里面的。

他的性格，加上时间累积，是种内敛的状态。很难说羡慕不羡慕，现在的我还想不到那么远，也许自然而然也能达到，或者我有自己另外的模样。

不过，我觉得这种气场还是刚需。虽然年轻人会有机会以领导者的角色去做一些项目，但其实大家心里是缺少一点判断力的，无论从工作经验还是从人生经历上来说，会有点心虚。

石老师：现在的年轻人有种状态，就是容易满足。就像掘金，挖到点金沙就开心得不得了。其实，如果你再深挖一点，就会发现前面有一个巨大的金矿在等着你。

很多年轻人有热情也有天赋，但缺少做事的章法。作为资深人员来说，唯一能够做的就是拿起工具，和他们一起把这个金矿挖出来。理论上的指引很难见效，就像教育子女一样，父母总是习惯于用自己的阅历、经验和标准去规划出一条路来让孩子走，但这基本上都会以失败告终。孩子们还是会由着自己的性子来，在有所经历之后才会有所领悟。

　　不管人生还是职场，这都是条必由之路，但我希望通过身体力行，给年轻人多点理解，我们共同摸索、互相帮扶着，让这个时间能再快一些，这条路能更短一些。

　　问：对方讲过什么让你觉得很精彩的话？

　　杨洋：石老师的两句名言："这个不够好"，还有"这个有点意思"。

　　第一句话通常讲在我心虚的时候，或者自我感觉挺良好，但想法其实不在一个维度上，甚至是对立的时候。你不确定自己能否说服前辈，也不敢对抗，所以听到就会特别紧张。

　　但如果我很好地完成了作品，从逻辑到产出都特别棒，这个时候如果听到石老师说"这个有点意思"，就会有种海绵被拧紧又一下被放进清泉里的感受，吸饱了水，畅快淋漓。

　　石老师："当我们觉得还不错的时候，得有人站出来说：这个不行。"

　　这句话从杨洋这样的年轻人嘴里说出来让人感到特别欣慰，知足容易，知不足很难。

　　看到很多年轻人对这个行业心存敬畏，对自己有清晰的认知，对标准的坚守，就看到了奥美的希望，毕竟还有那么多人愿意把奥美的旗帜扛在自己肩上。

问：你觉得奥美人有什么共性？

杨洋：奥美人其实特别不喜欢被人贴标签，但如果非要说有什么共性的话，我想到一个词儿，叫作："土酷"，又土又酷。

很多人会拿"酷"来形容奥美，觉得这里很酷炫、很洋气。这个"酷"，我觉得展现出来的是一个立体视觉化的形象，或者说是一种感觉。但其实底子里面，我相信奥美人是"土"的。这个"土"不是说我们真的土，而是很踏实，像大地一样。大家能把事情做扎实，不会是只浮在一层纸上，纸下面还有很多东西把它垫起来，让它有支撑。

石老师：务实，不惑众，不媚俗。在当前这么混乱的情势下，还能坚守自己的法则和操守，体面地做生意，用创意给客户带来实效，我觉得这是奥美有别于其他公司最重要的特质。

问：在奥美，你学到的最重要的一点是什么？

杨洋：不要被外界影响。我能做出什么成绩或拿出什么作品，这才是最重要的，而非外界流动的声音。其实相对来说，我们这辈人属于比较顺利的一代，从学校到工作岗位，很少有比较大的波澜，经历的顺利多了，职场上的每一次不顺畅或者外界的诱惑就容易被放大，所以找到自内而发的节奏挺重要的。

　　石老师：坚持或者说是死扛。在我们这个行业，要不断地自我否定，然后被上司否定，被客户否定，自尊跟自信心每天经受轮番的炮轰。但总有一批锤不烂、砸不破的"铜豌豆"从炮火里挺起身来，扶起战友，重新整理战袍，在绝境中杀条生路出来。

　　问：你想对比你更年轻的一辈，说些什么？

　　杨洋：我不想告诉他们在这儿如何轻松，因为我不想告诉他们在职场如何生存更容易、更方便、更懒。我更愿意告诉新一辈：你去试试。即使我凭经验觉得这事不太行，还是想鼓励他们去试试。

　　石老师："如果每个人都把自己当作奥美的脊梁，你就会发现自己大不一样。"自封一个比名片上高一两个等级的头衔，做事情会更对、更快，心里面也会好过很多。如果不信，不妨试试看。

叶明桂：我命好，进了广告行业

被采访人：叶明桂 奥美台湾首席策略顾问
采 访 人：张宵雯 奥美中国前营销与传播经理

　　他，从 1984 年就踏入了广告行业，30 余年中日积月累，逐渐从一名广告业的学生成长为传播界的老师。

　　他，既有一针见血的策略，也有非常温暖的创意。

　　他是被誉为"广告鬼才"的叶明桂。

　　在计划对阿桂（叶明桂的昵称）采访时，我们故意准备了几个刁钻的问题，看看首席策略顾问的头衔是否名副其实。

　　结果，出人意料的是，他使用的策略就是"不用策略"。阿桂用真诚和机智，让我们完全忘记要为难他这件事，反而被他的回答直击心底。

1. 关于策略

问：请用一句话解释"策略"是做什么的?

阿桂：策略其实分很多种，我们是属于传媒性质的。用一句话来讲，我们就是要根据客人的商业课题，找到传播中可以解决的方案，然后应用在各种媒介上。

问：好的策略和不好的策略有什么区别?

阿桂：一个杰出的策略会包含创意，会带来启发。杰出的创意人能启发他的伙伴们做出更好的作品，要有"奸计"，一定要"奸诈"。

创意人就是要"奸诈"。

这个"奸诈"指的是：新鲜的解决之道，不老套。"哦，我们以前有个案例是……"，然后抄袭、参考、复制成功的案例，这就没有新鲜的观点。

问：怎样能成为一个杰出的策略人?

阿桂：第一，要有才情，策略是天生加上后天经验，然后变得越来越好；第二，需要直觉，这种直觉可以产生新的假设，又有能力用逻辑去把假设合理化，让人家听起来觉得很有道理。

大部分策略人都是用左脑思考，讲究逻辑，善于分析。但他们没有黑魔法，缺乏直觉，无法拍脑袋就想出精确方案。

从工作的角度说，想成为一个好的策略人，就不要老以为过去的成功经验可以毫无条件地复制在未来的案例上，这样常常会让人故步自封，变得自以为是。

我常常提醒自己，要坚持倾听，倾听客人的观点、下属的观点、消费者的观点。因为当我停止倾听和好奇，就是我退步的开始。很多客人指名要我，是因为我过去的成功案例，我希望自己不要掉入这个思维里。

2. 关于客户

问：您为什么爱把"客户"称为"客人"呢？

阿桂：客户是工作上的相对关系，是一种生意关系。客人是一种合作的对等关系，多了一份亲切、一份自然的体贴。客人不在乎你懂多少，直到他真正了解你多关心、在乎他。

问：您基于什么样的原则来服务客户？

阿桂：我们做客人，是三选二。

第一，有钱，因为有钱的客人可以给我们的员工加薪，提供更好的福利。

第二，客人很尊重专业，与他合作会变成一个好的案例，让我们有一个做出好作品的机会。

第三，他能让我们的员工有学习价值。

所以梳理一下，趁现在还能和客人合作，我们一定要选择客人，不要因为钱而失去了我们的理智，要时刻记得我们的原则。

3. 关于作品

问：您觉得什么样的作品，才是好作品？

阿桂：只要自己觉得骄傲的作品都是好作品。

好作品不用多说，自然就令人感动。但前提条件是，一定要有对消费者的洞察或者人性的洞察、社会的洞察，让人哭，让人笑，让人永生难忘，让人充满心动，其他的都是假的。所以好作品很容易辨别，因为它影响了很多人，所以才会让人感到骄傲。

问：那当看到别人做出好作品的时候，您是什么感觉？

阿桂：对啊，为什么不是我们做的呢，为什么我们没想到呢？除了嫉妒还是嫉妒。我也是个凡人嘛，也会嫉妒。原谅我不会真心为他们喝彩，原来我这么不完美。

问：那您是怎样管理您的团队，使得大家能做出好作品的？

阿桂：我的使命就是发掘大家的潜力，去培养他们。我不在乎员工有多少缺点，只在乎员工是不是有一个优点。我们千万不要做一个没缺点又没优点的人。

我对员工只称赞不批评。就是只看到他们的好处，称赞他们，包容他们的缺点。要改正一个人的缺点很难，但是我们要把一个人的优点发挥到极致，他的缺点和弱点就会被他的优点掩盖。

每个人都有厉害的地方，团队才可以去利用。

4. 关于行业

问：如果回到自己刚刚入行的那一天，你可以跟那时候的自己说一句话，你会说什么？

阿桂：我会说"你对了，你够命好，你找对工作了"。因为这刚好是我的兴趣啊！我本来是要做贸易的，还好没去。如果回到我第一天到奥美工作的时候，我会说我真是来对了。

问：您觉得奥美对您意味着什么？

阿桂：奥美意味着对创意、知识和人的尊重。因为创意不会生长在官僚的土壤上，我们不会去做飞机稿迎合客人。作为一个真心相信创意可以帮助客人销售产品的公司，我们会去说服客人。

当然，我们也爱钱，但没有被钱奴役，因为有些东西和钱一样重要，那就是追求专业的信念。在我们还能选择客人的时候，如果影响原则，那么给再多钱我们也不会做，我觉得奥美在我眼中是这样的。

问：您觉得您加班多吗，怎么和您的夫人解释呢？

阿桂：没办法解释了。或者说，她是奥美的寡妇吧，早在 24 年前她就这么说了，她说她认了。

（此处沉默 5 秒……）无法解释，只能说我自私了。

问：您对想进行业的后辈有什么建议？

阿桂：我希望他们找到自己擅长又感兴趣的事情。

我很幸运，你看我找到了这件事，就做得很好。很多人在工作上，不能兼顾自己的兴趣和自己擅长的。有人甚至卧薪尝胆，去做他既不擅长也不感兴趣的事情，没我这么幸运。

虽然我们这行工作时间长，但如果加班的时间都乐在其中，那我也不觉得苦了。而有人上班就是为了下班，当然难熬。

假如你的血液里有"坏的"，请做广告！

宋秩铭　奥美集团大中华区董事长
林桂枝　奥美北京前首席文案

对于行业，我们曾有很多讨论。因为这个行业能做的太多了——它可以让你哭、让你笑、让你在一瞬间完全不是自己，也让你提前明白未来的自己。同时，这个行业能做的又很少。这是个关乎人的行业，人心总是难琢磨的，摸清楚消费者对品牌的心理活动，无疑是场惊险刺激的豪赌。

两位担得起"传奇"两字的奥美人，宋秩铭与林桂枝，一起聊了这个行业最本质的问题：为什么选择做广告，做广告又有什么好玩的？

希望给在这个行业里摸索前行的大家，一些启发与方向。

假如你的血液有"坏的"，你就会加入这个行业

林桂枝：我想问问宋秩铭，你做广告那么多年，你觉得广告好

玩的地方是什么？为什么要加入这个行业？

　　宋秩铭：假如你的血液有一部分是"坏的"，你就会加入。因为你是特定的人，你流的血液是不一样的。

　　林桂枝：我觉得广告人都蛮有趣的，比方说，你跟我在他办公室里，边喝酒边聊，妙得不得了。可能这就是广告的开放性，它让你学到很多综合的东西。

　　宋秩铭：没错，我觉得做广告的人也是有趣的。大家一起共事，是好朋友，相约出去玩。除此之外，工作也很有趣。能理解大家都辛苦，但当真正产出好的作品、帮客户解决问题时，你会感到特别骄傲，这是做广告最有趣之处。

　　林桂枝：大家可能会觉得宋秩铭就坐在办公室里，能有什么累的，其实是这样吗？

　　宋秩铭：我们行业毕竟是服务业。在服务业，你没办法做纯管理——肯定要面对客户、了解客户所需，这样才能懂得带领公司。我常常讲，虽然我是董事长，但也是 AE。

消费者的大脑，仍需要我们好好研究

　　宋秩铭：如今，很多人不太愿意进这个行业，觉得是过去的行业，相当传统。他们更喜欢去科技公司，那里比较炫。但事实上，广告行业的有趣就在于创意本身——用创意解决客户的问题。过程中有很多思考、逻辑和辩证，但最终导向"创意"。现在的挑战在于，你得学会用各种各样的形式，去创造丰富的内容，透过不同渠道去触达消费者。

林桂枝： 现在形势变得厉害，比方说以前 H5 比较流行，现在就少很多。但不论形式与渠道如何变，"消费者的大脑"仍需要我们好好研究，因为大脑才是真正的媒体，而这个媒体没有变。

宋秩铭： 整个环境越复杂，客户反而更重视品牌的重要性。他们会追问："到底品牌是什么？品牌内容是什么？品牌定义是什么？"因为在如此复杂的环境下，你如果搞不清楚，就不能把握中心思想。其次，我们这行之根本是创意，把众多内容统筹在品牌下，必须靠创意。

过去，做广告没办法确认到底效果怎样，只能事后才论。现在，因为有先进方法来帮助分析，我们能够更了解特定族群的生活习惯、行为及喜好，并且通过对比访谈，整合内外信息，知道你做的创意到底有没有效果，能带来怎样的销售结果，这较以往而言更精确。

假如你不能苦中作乐，那就永远只看到辛苦的一面

林桂枝：那么宋秩铭，你觉得什么东西没有变？

宋秩铭：第一是品牌，对品牌的思考、品牌的形成、品牌的方法，这些理念是不会变的。第二是创意，你必须在各个方面，提出更好的创意来面对复杂环境。最后对奥美而言，我们的文化也不会变——对个人的尊重，对知识的尊重，对创意的尊重。这些最根本的东西不变。

林桂枝：这相当美好。我是在奥美长大的，一直很感激奥美的前辈和同事们给我的启发与示范，让我在工作里学会很多专业精神，以及如何服务客户的工作，这类美好的价值。那么，我还想问宋秩铭，面对那么大变化，你如何应对呢？

宋秩铭：我从来不觉得我的工作有什么压力。每过一段时间，我都要面对新挑战，都要面对不同团队。尤其你刚刚提到整个大环境的改变，我们需要各种各样的人，包括越来越多懂技术的人，可以加入我们的创意行列，这些都是变化。我觉得"变化"对我而言是好的，如果不变化，就不好玩了。

林桂枝：对于不少广告从业者，或打算进传播营销和内容行业的人，你想跟他们说什么？

宋秩铭： 你必须要喜欢这个行业，你的工作要让你兴奋。我们这个行业从来都是辛苦的，假如你不能苦中作乐，那就永远只看到辛苦的一面，看不到享受的一面，这样就很难。不可否认，现在媒体环境变化很大，有很多临时性的东西需要马上反应，这让我们的工作时间延长。但整个环境如此，你必须面对。实际上，现在客户绝不比广告公司轻松，因为他们面对的环境又复杂、又及时，变化还很大。你唯一的办法，就是与客户成为真正的伙伴，互相分担、互相理解，这样才能把事情做好。